ELMAR WILHELM EGGERER

Meine Schulaufsätze

3. und 4. Klasse Grundschule

MANZ VERLAG MÜNCHEN

Herausgeber: Wilhelm Eggerer

Manzbuch 246

© 1976 by Manz Verlag, München · Alle Rechte vorbehalten · Umschlagentwurf: Ingeburg Rothemund, München · Gesamtherstellung: Verlag und Druckerei G. J. Manz AG, Dillingen · Printed in Germany.

ISBN 3-7863-0246-4

INHALTSVERZEICHNIS

VORWORT   7

MEINE TRAPPERGESCHICHTEN

    Trapper Wolfsmaul und der Grizzly 9
    Trapper Wolfsmaul und der Elch 10
    Die gefährliche Nacht 11
    Trapper Wolfsmaul und der Büffelbulle 12
    Trapper Wolfsmaul und die Komantschen 14

MEINE SCHULAUFSÄTZE (und andere)

Nacherzählungen

    Wie Ziegen Probleme lösen 15
    Till Eulenspiegel und der König von Dänemark 16
    Die goldenen Hufeisen 18
    Am ersten Hoftag Kaiser Heinrichs III. 19
    Der verlorengegangene Esel 20
    Der kluge Star 20

Bildergeschichten

    Die gestohlene Wurst 21
    Helmut und der Regenschirm 22
    Hilfe! Es brennt! 23
    Der Fisch in der Dose 24
    Wer andern eine Grube gräbt 24
    Solche Lausbuben! 25
    Wie du mir, so ich dir! 26

Erlebniserzählungen

In den Ferien 27
Silvesterabend 27
Ein Erlebnis auf der Straße 28
Ein Erlebnis mit einem Tier 29
Ein Erlebnis mit dem Wind 30
Drachenabenteuer 31
Ein furchtbarer Schreck 32
Ein Erlebnis mit einem guten Freund 33
Lügen haben kurze Beine 34
Winterfreuden? 35
Mein Freund und ich 36
Ein Zauberer in der Schule 37
Die Überraschung 38
Sonnenfinsternis in der Schule 39

Reizwortgeschichten

Verunglückt! 40
Ball — Fenster 41
Zirkusaffe entkommen — Aufregung 42
Verloren — gefunden 43
Mäusejagd — Katze — Dame 44

Phantasieerzählungen

Verirrt! 45
Ein Erlebnis im Weltraum 46
Wenn Barry ein echter Hund wäre 47
Der Düsenbob 48
Mein Roboter 49
Beim Drachenwirt 50
Fortsetzungsgeschichte 51

Beschreibungen und Berichte

Ein Herbstblatt 52
Mein Lineal 52
Wir bauten einen Kompaß 53
Warum leuchtet die Glühbirne? 54
Bergwild in Wintersnot 55
Ein Tier, das mir gefällt 56
Drachenbau im Werkunterricht 57
Trennen von Gemengen 58

AUS MEINEM WANDERTAGEBUCH

Ein Blatt aus dem Tagebuch 59
Die Sandgrube 60
Fischräuber 61
Der moderne Kuhstall 62
Leben in der Pfütze 63
Kaulquappen! 64
Besuch in einem Museum 65
Auf der Altenburg 66
Der Bär 67
Der fliegende Osterhase 68
Rasierapparat als Schmorbraten 69
Am Höllensteinsee 70
Mein Eigenheim 71
Die Waldkapelle 72
Das Versprechen 73
Im Solnhofer Steinbruch 74

VORRAT FÜR SPÄTERE SCHULAUFSÄTZE

Ballon in Sicht 75
Gespenst hinter Gittern 76
Als mir unrecht getan wurde 77

Tierschau in der Schule 78
Erdbeben in der Nacht 80
Die Gespenstervilla 82

Lösungen 83

MEINE BÜCHER

Nachschlagewerke 84
Zur Geschichte 84
Zur Bibel 84
Sagen und Märchen 85
Geschichten und Gedichte 85
Abenteuer 86
Technik 86
Natur 86
Für meine Hobbys 87

NACHWORT DES HERAUSGEBERS 88

An meine lieben Leser!

Ich bin so alt wie Ihr, d. h. ich wurde am 29. März 1976 zehn Jahre alt. Wenn Ihr dieses Buch erst in der 5. oder 10. Auflage lest, bin ich natürlich älter. Aber jetzt, da dieses kleine Buch erscheint, besuche ich die 4. Klasse der Grundschule in Altenerding. (Das liegt 35 km von München entfernt.) Meine Lehrer waren in den letzten Jahren Herr Rektor Eberl und Frau Stock. Bei ihnen schrieb ich meine Aufsätze, so wie Ihr bei Euren Lehrern Eure Aufsätze schreibt. Aber da mein Vater, von mir Daddy genannt, kleine und große Aufsatzbücher veröffentlicht, war die Aufsatzschreiberei für mich nicht so einfach wie für Euch.
Meine Aufsätze wurden immer daraufhin untersucht, ob sie sich eignen, gedruckt zu werden. Wenn sie nicht geeignet waren, mußten sie so umgeschrieben werden, daß sie gedruckt werden konnten.
Zuerst glaubte ich, daß ich nur meine Schulaufsätze aus den alten Heften abzuschreiben hätte, und das Buch wäre fertig. Nichts war fertig. Es stellte sich heraus, daß wir in der 3. und 4. Klasse, bei allem Eifer von uns und unserer Lehrerin, bei weitem nicht so viele Aufsätze geschrieben haben, wie ich für das Buch brauchte. Könnt Ihr Euch vorstellen, daß mein Daddy sich über jeden Aufsatz freute, den ich in der Schule schreiben mußte? „Wieder einer für dein Buch!" sagte er und schrieb ihn ab. Aber mit diesen Schulaufsätzen wäre das Buch viel zu dünn geworden, und der Preis zu hoch. Ihr wollt doch etwas haben für Euer Geld!
Das bedeutete, daß ich zu den Schulaufsätzen noch Hausaufsätze beisteuern mußte. Aber darauf ließ ich mich nur ein, weil mein Daddy hoch und heilig versprach, kräftig mitzuarbeiten. Er hielt Wort! Ich mußte immer den Aufsatz entwerfen, dann besprach er ihn mit mir, und dann verbesserten wir ihn gemeinsam. Dabei kann ich ihm den Vorwurf nicht ersparen, daß er beim Abschreiben gelegentlich meinte, mich nochmal verbessern zu müssen.
Als ich das merkte, protestierte ich natürlich ganz energisch. Mein Daddy war recht erstaunt, als ich ihm vorwarf, daß er bei diesen Verbesserungen meinen Stil verfälsche. Aber er gab mir recht und versprach, sich mehr zurückzuhalten.

Damit aber der Stil, der Schreibstil, nicht gar so „familiär" wurde, bat ich einen Freund von mir, doch einige seiner Schulaufsätze mir zur Verfügung zu stellen. Gernot Fink aus Nürnberg hat einige Aufsätze beigesteuert. Wegen des Urheberrechts habe ich diese Aufsätze mit dem Namen „Gernot Fink" gekennzeichnet.

Und als die vorgeschriebene Seitenzahl immer noch nicht erreicht war, setzten wir uns hin (Überlegt einmal, wer mit dem „Wir" und dem „Uns" gemeint ist!) und schrieben noch einige Aufsätze über unsere gemeinsamen Erlebnisse. Eine gute Hilfe war dabei mein Wandertagebuch. Es besteht zwar nur aus Blättern, die in einem kleinen Hefter stecken, aber die Notizen haben mein Gedächtnis sehr aufgefrischt. Man glaubt nicht, was man vergißt, wenn man es nicht aufschreibt.

Jetzt wüßte ich noch so viele Themen, über die ich schreiben könnte. Aber die Zeit reicht nicht mehr, das Manuskript muß abgeliefert werden, sonst kann das Büchlein nicht mehr zur Frankfurter Buchmesse erscheinen. Das wäre doch schade, und deshalb verzichte ich „schweren Herzens" darauf, weitere Aufsätze zu schreiben.

Ich hoffe, daß Euch mein kleines Buch gefällt und daß Ihr einen Nutzen davon habt. Schreiben müßt Ihr Euere Aufsätze auch in Zukunft selber, aber ich wünsche Euch dazu

                                                      viel Erfolg!
                                                      Euer
Erding, den 20. Mai 1976   *Elmar Wilhelm Eggerer*

MEINE TRAPPERGESCHICHTEN

Als ich in die 3. Klasse kam, hatte ich noch wenig Ahnung vom Aufsatzschreiben. Damals las ich meine ersten Karl-May-Bände. So ein Wild-West-Buch wollte ich auch schreiben. Das konnte doch nicht so schwer sein. Deshalb setzte ich mich an die Schreibmaschine und begann meinen Wild-West-Roman. Als erste Geschichte schrieb ich:

Trapper Wolfsmaul und der Grizzly

Als Trapper Wolfsmaul wieder einmal auf die Jagd ging, sah er einen Grizzlybären auf sich zukommen. Er war sehr beunruhigt, denn der Grizzly hatte eine Größe von etwa 2 m. Das war aber noch nicht alles. Da er sein Gewehr nicht schußbereit hatte, mußte er wohl oder übel sein Messer ziehen. Als er das getan hatte, war er erstaunt. Der Grizzly zog sich in den Wald zurück. „Der will wohl seinen Pelz retten", sagte der Trapper. „Aber dich kriege ich doch", sagte er auch noch. Der Trapper eilte zu seiner Hütte. Dort holte er sein Gewehr. Dann lief er zu dem Hügel, von dem er den Grizzly beobachtet hatte. Er folgte den Spuren. Als er den Wald erreichte, sah er den Grizzly etwa 1 m vor sich. Der Grizzly richtete sich zu voller Größe auf. Er wollte zum Angriff übergehen, doch der Trapper war schneller. Er legte das Gewehr an und schoß. Peng! Der Grizzly fiel um. Wumm!

Merkt Ihr, was für Fehler ich machte?
Ich hätte selbstverständlich zuerst den Trapper Wolfsmaul vorstellen sollen, als Einleitung sozusagen. Außerdem hätte ich schreiben sollen, daß er das Gewehr nicht dabei hatte, der Ausdruck „nicht schußbereit" bedeutet etwas anderes. Und die Entfernung von 1 m ist auch etwas wenig, denn da hätte ihm der Bär die Flinte aus der Hand geschlagen. (Übrigens ein ganz neuer Gedanke! Das hätte ich auch schreiben können.) Ich habe den Aufsatz mit allen Fehlern drucken lassen. Wer will ihn verbessern?

Ich sage Euch, das war eine schwere Arbeit, das Schreiben. Immer wieder verschrieb ich mich, ich kam einfach nicht vorwärts. Deshalb stellte ich meinen Daddy als Schreibkraft an. Er sollte schreiben, was ich ihm diktierte. Er war bereit dazu, aber unter zwei Bedingungen: 1. Ich mußte mir vorher die Geschichte ausdenken, damit ich fließend diktieren konnte. 2. Ich mußte alle Satzzeichen mitdiktieren, auch die Kommas. Ich diktierte:

Trapper Wolfsmaul und der Elch

Als Trapper Wolfsmaul auf die Jagd ging, sah er einen Elch. Er war sehr beunruhigt, denn der Elch hatte ein Geweih von etwa 2 m Größe. Trapper Wolfsmaul legte das Gewehr an und zielte. Da sah er, wie der Elch sein Geweih senkte, anscheinend wollte der Elch sich bis zum letzten Atemzug verteidigen. „Hoppla!" rief der Trapper. Er dachte angestrengt nach. Doch bald knallte ein Schuß: Peng!!! Der Elch fiel um. Und jetzt hatte der Trapper einen Einfall: „Wenn ich das Geweih über die Tür von meiner Hütte hänge, habe ich vielleicht immer Jagdglück, also nehmen wir es mit." Er legte den toten Elch über den Sattel seines Pferdes, das Pferd scheute nicht einmal.
Als der Trapper nach Hause kam, holte er einen Hammer und vier Nägel. Er wollte das Elchgeweih aufhängen. Dann sagte er zu sich: „Es ist eigentlich besser, wenn ich das Geweih nicht nur mit vier Nägeln, sondern mit sechs Nägeln befestige." Dann holte er noch zwei Nägel. Und er dachte angestrengt nach, wohin er das Geweih hängen sollte. Dann fiel ihm ein, daß er es nach der Jagd über seine Tür hängen wollte. Und dann dachte er wieder angestrengt nach, was er mit dem Elchfleisch machen solle. Er hatte plötzlich einen Einfall: „Wenn ich das Elchfleisch räuchere, habe ich wieder einen ganz schönen Fleischvorrat."

Diese Fehler! Dreimal „dachte er angestrengt nach", obwohl es nicht nötig war, und zweimal hatte er „einen Einfall". Wer verbessert meine Geschichte?

Die gefährliche Nacht

Trapper Wolfsmaul ging auf die Jagd. Er hatte sich so weit von seiner Hütte entfernt, daß er vor Anbruch der Nacht es nicht schaffen konnte, schon daheim zu sein. Er mußte also in der Wildnis übernachten. Und da er noch Zeit hatte, um zu seinem Freund zu gehen, der hier in der Gegend wohnte. Nun machte sich der Trapper auf den Weg. Und er schaffte es, daß er bis zu seinem Freund gelangte. Der hatte aber schon die Vorhänge zugezogen und schlief. Trapper Wolfsmaul schlug mit den Stiefeln gegen die Tür und knurrte wie ein Panther. Das hörte Trapper Geierschnabel und schaute erschrocken durch das Türfensterchen hinaus. Da sah er den anderen Trapper und schrie: „Hallo, alter Wolf! Soll ich dir eine auf den Pelz brennen?" — „Alter Geier, laß das Pelzbrennen und sperr mir deine Höhle auf!" Dann saßen die beiden Trapper noch lange beisammen und feierten ein Fest mit Whisky und Gin. Plötzlich hörten sie ein Geräusch und sahen, wie ein Grizzly die Tür zertrümmern wollte. Doch die beiden Trapper lachten nur: „Hahaha! Die Tür ist eisenverstärkt! Ätsch!" — „Lumpenpack", knurrte der Bär in der Bärensprache.

Ich sage Euch, wenn man diktiert, dann muß man so schnell denken, daß man manches durcheinanderbringt. Ich werde doch wieder selbst schreiben müssen — mit der Hand, mit der „unberachenberen Schreibmischane" macht das Schreiben zu viel Mühe, denn sie vertauscht immer die „Bachstuben".

Merkt Ihr, was ich im Aufsatz vermurkst habe?

Besser: „... daß er vor Anbruch der Nacht nicht mehr heimkommen konnte."
„Damit er nicht in der Wildnis übernachten mußte, ging er zu seinem Freund..."
Zum zweitenmal „schaffte er es"!
Aber „die Vorhänge" sind doch ein guter Einfall?
Jetzt kommen gute Sätze! Vor allem die wörtliche Rede wird Euch auch gefallen.
Bei dem Wort „Gin" könnte der Aufsatz zu Ende sein.
Daß dann noch ein Bär dazukommt, ist ein bißchen viel. Aber damals liefen die Bären nur so herum.
Merkt Ihr, was mir noch passierte? Wie sollen denn die Trapper „gesehen" haben, daß der Bär die Tür zertrümmern wollte?
Das war Selbstkritik!
Und jetzt setzt Euch hin und schreibt eine bessere Fassung der „Gefährlichen Nacht"!

Damals, als ich meine Trappergeschichten schrieb, nahm ich mir vor, jeden Tag mindestens eine Trappergeschichte zu schreiben. Ich rechnete schon die Seitenzahl aus, den Preis des Buches und die „Gelder", die ich damit verdienen würde. Hier könnt Ihr noch eine meiner Trappergeschichten lesen. Paßt auf, es sind wieder Fehler drin!

Trapper Wolfsmaul und der Büffelbulle

Trapper Wolfsmaul ging auf die Suche nach Büffelspuren, als er hinter sich etwas rascheln hörte. Als er sich umblickte, sah er einen Büffelbullen hinter sich, der die Hörner auf ihn gerichtet hatte. Da gab es nur eins: ballern!
Wolfsmaul hatte sein Gewehr nicht geladen, deshalb konnte er nicht gleich schießen. Kugeln und Pulver hatte er dabei, aber die Taschen waren zugeknöpft. Jetzt zog Wolfsmaul seine Pistole und ballerte. Und jetzt kam Trapper Geierkralle dazu. „Oho!" schrie er.
Als Geierkralle sah, in welcher Situation Trapper Wolfsmaul war, schoß er: Bumm! Bumm! Mit diesen beiden Schüssen legte er den Büffel um. Dann schleppten die beiden Trapper den Büffel in ihre Hütte. Wolfsmaul sagte: „Das war Hilfe in letzter Not! Aber jetzt habe ich eine Wut auf diese Pulverhändler, die mir da gemahlene Holzkohle statt Pulver gegeben haben und statt Kugeln Kirschkerne. Denen werde ich es zeigen! Die sollen fünf Jahre meine Schläge spüren!"
Dann sagte Geierkralle lachend: „Hihihi! Denen werden wir beide es schon zeigen, so wahr ich Trapper Geierkralle heiße!" Dann machten sich die beiden an die Arbeit, dem Büffel die Haut abzuziehen. Dabei sagte Wolfsmaul wieder: „Das war gut, daß du gekommen bist!" Jetzt holte Geierkralle einen Riesenbottich, in den sie verschiedene Teile des Büffels legten. Dann machte Wolfsmaul Feuer und legte dürres Holz daneben. Trapper Geierkralle holte inzwischen einige kleine Fässer voll Whisky. Dabei lachte er: „Hühühü! Diesem Büffelbullen haben wir es gezeigt." Und wie er so vor sich hinlachte, ließ er eines der Fäßchen auf den Boden plumpsen. Als das Fäßchen auf dem Boden gelandet war, bekam es ein Loch, aus dem der Whisky floß. Aber zum Glück war das Loch oben, und so konnten sie das Fäßchen nach und nach leeren. Trapper Wolfsmaul sah es und lachte: „Huhuhu! Hihihi! Hohoho! Höhöhö!"

Und jetzt auf zur Fehlersuche!

Zeile 2:	Als er sich umdrehte, sah er den Büffel vor sich. Als er sich umblickte, sah er den Büffel hinter sich. Stimmt das?
Zeile 5/6/7:	Das dauert aber lang, bis er schießen kann!
Zeile 11:	Haben die beiden jetzt eine gemeinsame Hütte? Das muß ein kleiner Büffel sein! Besser: „... zu ihrer Hütte"
Zeile 13/14:	Der Gedanke ist gut, aber er paßt nicht zum Ablauf der Geschichte! Das ist zu wenig durchdacht! Kauft er das Pulver bei mehreren Pulverhändlern?
Zeile 11/16/17/21:	Die Sätze beginnen mit „dann". Wiederholung!
Zeile 1/2/9/25:	Die Sätze beginnen mit „als". Wiederholung!
Zeile 7/8/12/20:	Die Sätze beginnen mit „jetzt". Wiederholung!
Zeile 25/26:	„Als das Fäßchen gelandet war". War das ein Gleitflug?
Zeile 27:	Das soll selbstverständlich ein Witz sein, denn wenn das Fäßchen am Boden aufschlägt, ist das Loch unten, nicht oben.
Zeile 28:	Was sah Trapper Wolfsmaul? Worauf bezieht sich das Wort „es"?

Wenn man so kritisiert wird, meine lieben Leser, dann merkt man erst, daß man noch viel lernen muß, daß es mit der Freude am Schreiben noch nicht getan ist.

In irgendeinem Karl-May-Band habe ich gelesen, wie ein Indianer für ein Greenhorn ein Büffelkalb erlegt. Hätte ich diese Geschichte nacherzählt, hätte ich Euch eine **Nacherzählung** geliefert. Weil ich die Geschichte selbst erfunden habe, schrieb ich eine **Phantasieerzählung**. Wenn ich den Büffelbullen selbst geschossen hätte, könnte ich über dieses Erlebnis eine **Erlebniserzählung** schreiben.

Ich habe aus meinen Trappergeschichten gelernt, daß auch die sogenannte **Phantasieerzählung** in sich logisch sein muß. Da muß alles zusammenpassen, wie bei der Erzählung eines echten Erlebnisses, bei der **Erlebniserzählung**.

Also, es wurde nichts aus dem Wild-West-Roman über Trapper Wolfsmaul. Aber ich lernte dabei das Schreiben. Ich meine nicht das Schreiben mit der Hand oder mit der „Schreibmischane", nein, das Schreiben von Geschichten. Selbstverständlich hat Wolfsmaul noch viele Grizzlys geschossen und Panther und Büffel. Auch Indianer hat er getroffen, aber nicht mit der Flinte.

Trapper Wolfsmaul und die Komantschen

Friedlich zog Trapper Wolfsmaul seines Weges, um seine Biberfallen nachzusehen. Er war guter Laune, denn er hatte gut gegessen und bereits eine schöne Menge Biberfelle eingesammelt. Plötzlich sauste ein Pfeil dicht an seinem Kopf vorbei. Der Trapper hatte ihn nicht gesehen, aber den Luftzug gespürt. Blitzschnell warf er sich auf den Boden. Noch im Fallen zog er seinen Revolver und schoß sein Magazin leer. Dann robbte er ein Stück in das dichte Buschwerk und linste von dort in die gefährliche Gegend. Als aus dem nächsten Busch eine Feder am Kopf eines Indianers sichtbar wurde, rief Wolfsmaul: „Mein roter Bruder mag hervorkommen, sonst brenn' ich ihm eine blaue Bohne auf sein rotes Fell!" – „Ich nicht sein dein roter Bruder!" anwortete die Rothaut. „Dann bist du ein Komantsche und willst mir meine schönen Biberfelle abnehmen", riet Wolfsmaul. Einige Augenblicke später entdeckte er hinter dem Indianer Trapper Geierkralle. „Paß auf!" schrie er ihm zu. „Vor dir steckt ein Komantsche im Busch!" – „Weiß schon", antwortete Geierkralle keuchend, „ich hab' ihn doch schon beim Wickel! Du kannst ruhig aus deinem Versteck herauskommen, alter Angsthase!"

Wie findet Ihr diesen Aufsatz? Ich halte ihn für besser als die anderen. Die Geschichte ist nicht nach dem alten Schema „Grizzly – Gewehr – Peng" geschrieben. Habt Ihr bemerkt, daß zwei Fehler in dem Aufsatz sind? Wenn Ihr sie nicht findet: Die Lösung steht auf Seite 83!

MEINE SCHULAUFSÄTZE (und andere)

Dieser Text wurde uns vorgelesen. Es ist die Originalfassung aus unserem Sprachbuch.

Wie Ziegen Probleme lösen

Ein Ziegenbock wollte auf einem schmalen Steg einen reißenden Bach überqueren. Plötzlich sah er, daß auf der anderen Seite auch ein Ziegenbock stand und herüberwollte. Schnell betraten beide den schmalen Steg. In der Mitte freilich begegneten sie sich. Keiner wollte nachgeben und noch einmal zurückgehen. Sie stritten und zankten. Bald stemmten sie nach Ziegenart ihre Hörner gegeneinander. Beide verloren den Halt und stürzten in den Bach. Schimpfend und schlagend erreichte jeder sein Ufer, und obendrein bekamen sie noch vom Hirten Hiebe.

... überlegt einen Schlußgedanken, der zeigt, daß Ihr den Inhalt verstanden habt. Welche Schlußsätze würdet ihr auswählen? Etwa: Ja-ja, man muß auch einmal nachgeben können/ Man soll aber keine Tiere quälen/ Eigensinn führt eben oft zu Schaden/Man muß wissen: Der Klügere gibt nach/Ja, warum auch bauen die Menschen so schmale Stege?

Nacherzählung/4. Klasse

So schrieb ich die Nacherzählung in mein Schulheft:

Wie Ziegen Probleme lösen

Ein Ziegenbock wollte einen reißenden Bach überqueren. Über diesen Bach spannte sich ein schmaler Steg. Auf der anderen Seite stand auch ein Ziegenbock. In der Mitte begegneten sie sich. Keiner wollte nachgeben und noch einmal zurückgehen. Sie stemmten nach Ziegenart die Hörner zusammen. Beide verloren das Gleichgewicht und fielen in den Bach. Endlich erreichte jeder – wenn auch tropfnaß – das Ufer, zu dem er wollte, und sie bekamen vom Hirten Hiebe.

Man muß wissen: Der Klügere gibt nach!

Findet Ihr, daß ich richtig nacherzählt habe? Was hätte ich besser machen können?
Hättet Ihr einen anderen Schlußsatz geschrieben?
Mich hat dieser Schlußsatz nachdenklich gemacht, und dann habe ich als Überschrift mir ausgedacht: Wie Menschen Probleme lösen.
Hörner haben sie nicht, aber Fäuste und Köpfe und einen Verstand.

Probeunterricht 1976 München und Umgebung
Aufnahme aus der 4. Klasse Grundschule
D e u t s c h – Nacherzählung

Till Eulenspiegel und der König von Dänemark

Als Till Eulenspiegel eines Tages ziellos auf der Landstraße wanderte, begegnete ihm der König von Dänemark mit seinem Gefolge. Eulenspiegel stellte sich mitten auf die Straße und grüßte in seiner Narrenkleidung ehrerbietig den König. Verwundert fragte der Herrscher: „Wer ist dieser Narr?"
„Majestät", erwiderte einer seiner Hofleute lachend, „das ist Till Eulenspiegel". Der König, der schon viel von den Streichen des Schelms gehört hatte, rief ihm zu: „Laß dir ein Pferd geben und reite mit uns!"
Als jedoch der Fürst sein Pferd zu größerer Eile anspornte, blieb Till weit zurück. Auf des Königs Frage, warum er nicht schneller reite, erwiderte Eulenspiegel: „Herr, mein Pferd ist so schlecht beschlagen." „Wir sind bald in der nächsten Stadt!" rief der König. „Dort kannst du dir auf meine Kosten den besten Hufbeschlag aussuchen." Tills Augen leuchteten, als er fragte: „Wirklich den besten, Majestät?"
In der Stadt angekommen, ritt Eulenspiegel eilends zu einem Goldschmied und ließ sich vier goldene Hufeisen für sein Pferd anfertigen. Die Rechnung über hundert Gulden überreichte er dem Schreiber des Königs. Bestürzt eilte dieser zu seinem Herrn. „Majestät!" rief er atemlos, „hundert Gulden sollen wir für vier Hufeisen bezahlen!" Der König traute seinen Ohren kaum, befahl Till Eulenspiegel zu sich und stellte ihn zornig zur Rede: „..."
Erfinde einen Schluß und verwende wörtliche Reden!

Diesen Probeunterricht brauchte ich nicht mitzumachen, wenigstens nicht in der Schule. Als ich hörte, daß eine Eulenspiegelgeschichte verlangt worden war, lachte ich und sagte: „Die kenne ich alle." Wenn man viel liest, bekommt man einen großen Vorrat an Geschichten. Aber wenn man die vorgelesene Geschichte auch kennt, muß man doch gut aufpassen. Die Erzählung könnte nämlich absichtlich gekürzt oder sonstwie verändert sein. Es wäre peinlich, wenn Ihr das nicht merken würdet.
Wenn Ihr die nächsten zwei Seiten lest, werdet Ihr mich besser verstehen.

Daddy las mir die Geschichte zweimal vor, und dann schrieb ich sie in der Rekordzeit von einer halben Stunde nieder.

Till Eulenspiegel und der König von Dänemark

Eines Tages wanderte Till Eulenspiegel ziellos auf den Landstraßen umher, als ihm der König von Dänemark mit seinem Gefolge entgegenkam. Am Rande des Weges stehend, grüßte Till ehrerbietig den König. „Was ist das für ein Narr?" fragte der König. Einer vom Gefolge antwortete: „Majestät, das ist Till Eulenspiegel!" Da der Herrscher schon oft von den lustigen Streichen des Schelms gehört hatte, rief er Till zu: „Laß dir ein Pferd geben und reite mit!" Als aber der König sein Roß zu größerer Eile anspornte, blieb Till weit zurück. Dann fragte der König den Schelm: „Warum kannst du nicht schneller reiten?" Till antwortete: „Herr, der Beschlag meines Rößleins ist so schlecht." – „Wir kommen bald in die nächste Stadt, da kannst du dir auf meine Kosten den besten Beschlag aussuchen." In der Stadt ging Till flugs zu einem Goldschmied, um sich vier goldene Hufeisen anfertigen zu lassen. Die Rechnung über 100 Gulden überreichte er dem Schreiber des Königs. Der lief schleunigst zu seinem Herrn und stotterte: „Majestät, wir sollen 100 Gulden für die Hufeisen bezahlen!" Zornig ließ der König Till Eulenspiegel kommen und stellte ihn zur Rede: „Du Schelm, was hast du wieder angestellt?" Till anwortete: „Majestät, Ihr sagtet, ich solle mir den besten Beschlag aussuchen und deshalb nahm ich goldene Hufeisen!" Bei diesen Worten konnte der König wieder lachen. Er bezahlte die Hufeisen, und Eulenspiegel blieb noch lange bei ihm.

Bitte, vergleicht einmal die vorgelesene Originalfassung auf der linken Seite mit meiner Nacherzählung auf dieser Seite! Habe ich richtig nacherzählt, d. h. habe ich den Sinn der Geschichte erfaßt und gut wiedergegeben? – Merkt Ihr, daß ich einen wichtigen Satz des Originals vergessen habe? Bitte sucht diesen vergessenen Satz und überlegt, warum er so wichtig ist.

Bitte umblättern, denn auf der nächsten Seite kommt die Geschichte noch einmal, ganz anders!

In meinem alten Eulenspiegelbuch fand ich die Geschichte in einer ganz anderen Fassung. Vielleicht interessiert sie Euch? Wenn nicht, dann bitte weiterblättern!

Die goldenen Hufeisen

So trat Eulenspiegel seine erste Fahrt übers Meer an, die zugleich seine letzte große Reise werden sollte.
In Dänemark wurde er schon freudig erwartet, denn damals war sein Name als der eines geistreichen Spaßmachers schon weit und breit bekannt, und mancher Kaiser und König hätte viel darum gegeben, ihn an seinem Hofe zu haben.
Dänenkönig Waldemar war ein leutseliger Herr, der die Fröhlichkeit und den Scherz über alles liebte. Er brannte vor Begierde, Eulenspiegel kennenzulernen, und bat gleich bei der Begrüßung, Till möge einen besonders abenteuerlichen Streich aufführen. Das war sehr unvorsichtig von ihm, doch darauf sollte er erst später kommen.
Als Eulenspiegel darauf erwiderte, er habe nur die Bitte, seinen Falben neu beschlagen zu lassen, war der König enttäuscht. Denn das schien ihm sehr gering. Aber er sagte: „Gewiß, Meister Till, laßt Euch nur den allerbesten Hufbeschlag machen!"
„Darf ich Euch beim Wort nehmen, Herr König?" fragte Eulenspiegel noch einmal.
„Was ich verspreche, dazu stehe ich unverbrüchlich," entgegnete der König. Daraufhin ritt Eulenspiegel zu einem Goldschmied und ließ sein Rößlein mit goldenen Hufeisen und silbernen Nägeln beschlagen. So kehrte er vorsichtig an den Hof zurück, trat vor den König und sagte: „Mein Falbe hat sein neues Schuhwerk bekommen, gnädigster Herr, nun ist die Rechnung zu begleichen." Der König befahl seinem Schreiber, mit Till zum Schmied zu gehen und zu bezahlen. Der Schreiber war nicht wenig erstaunt, als Eulenspiegel ihn zu einem Goldschmied führte und die Rechnung gleich hundert dänische Mark betrug. Der Schreiber wußte nicht, was er tun sollte, und lief zum König zurück, um es zu melden.
„Meister Till", sprach da der König zu Eulenspiegel, „was habt Ihr Eurem Rößlein an die Hufe schlagen lassen? Wenn ich allen meinen Pferden solch teuren Hufbeschlag machen ließe, müßte ich bald Land und Leute verkaufen." – „Gnädigster Herr König, ich habe mich an Euer Wort gehalten und

den besten Beschlag gewählt: goldene Hufeisen und silberne Nägel. Einen besseren konnte ich nicht finden!" Da mußte König Waldemar lachen und sprach: „So einen Hofmann lobe ich mir, der genau tut, was man ihm befiehlt! Doch ein zweites Mal zahle ich keine goldenen Hufeisen, merkt Euch das!"

Ihr habt die Geschichte von den goldenen Hufeisen gelesen, bitte, setzt Euch hin, schließt das Buch und schreibt die Nacherzählung! Vom Lesen allein lernt Ihr das Schreiben nicht! Leider! Ich weiß es!

Weil noch eine halbe Seite frei ist, setze ich hier noch eine Nacherzählung aus Nürnberg her.

Am 1. Hoftag Kaiser Heinrichs III., 16. Juli 1050. Ein Graf erzählt:

Als Kaiser Heinrich III. zum Hoftag 1050 nach Norenberc kam, begab ich mich zum Königshof, weil ich neugierig war und den Kaiser auch einmal sehen wollte. Hinter den Absperrungen hatte sich viel Volk versammelt. Bunte Banner flatterten auf den Dächern der Häuser, und die Sonne blitzte auf den Rüstungen. Laute Rufe verkündeten die Ankunft des Kaisers. Pagen trugen ihm die Abzeichen seiner Würde voran. Er schritt nachdenklich auf das Podest zu. Ihm folgten sein Kanzler und ein Herold. Der Herold gebot Ruhe. Dann ergriff der Kaiser das Wort. Er bat Gott zunächst um Beistand, dann winkte er Sigena. Richolf führte sie zum Thron. Danach legte er ihr eine Kupfermünze in die Hand und schlug sie heraus. Das war das Zeichen ihrer Freisprechung von der Leibeigenschaft. Der Kanzler drückte das Siegel auf die Urkunde, und der Kaiser unterschrieb mit seinem Monogramm. Sie wurden bestimmt ein glückliches Paar. (Gernot Fink)

Lieber Gernot!

Das ist eine sehr interessante Geschichte. Kannst Du mir das Buch verraten, in dem die Erzählung steht? Ich weiß nämlich nicht, wer der Richolf ist. War das der Bräutigam der Sigena?

Mit herzlichem Gruß Dein Elmar

Der verlorengegangene Esel Nacherzählung/4. Klasse

Alberto war ein Bauer in einem kleinen Ort in Italien. Er mußte oft mit seinen zwölf Eseln in die Stadt, um Getreide zur Mühle zu bringen. Einmal, als er wieder heimritt, war er müde und setzte sich auf einen Esel. Von dort blickte er stolz auf seine Herde. Nach einer Weile begann er, wie er es oft tat, seine Esel zu zählen. Mit Entsetzen bemerkte er, daß ein Esel fehlte. Da trieb er seine Tiere zu schnellerem Lauf an. Von weitem rief er seiner Frau zu: „Treib die Esel in den Stall! Ich muß noch einmal in die Stadt, ein Esel fehlt!" Dann ritt Alberto zurück und fragte jeden, den er traf, ob er nicht seinen Esel gesehen habe. Aber weil niemand ihm helfen konnte, und er selbst ihn nicht fand, trabte er schließlich auf seinem Esel ganz betrübt nach Hause zurück. Er jammerte: „Mein bestes Tier! Mein bestes Tier!" Die Frau tröstete ihn: „Wir werden ihn schon wieder finden." Und sie behielt recht, denn als Alberto abstieg, bemerkte er, daß er den Esel, auf dem er saß, nicht mitgezählt hatte.   (Gernot Fink)

Der kluge Star Nacherzählung/4. Klasse

An einem heißen Sommertag flog ein Star über die Felder. Er war durstig und suchte nach Wasser. Jedoch: Er fand keines. Plötzlich sah er am Wegrand etwas blinken. Wahrhaftig, eine Flasche schaute halb aus der Erde. Wahrscheinlich hatte sie ein Wanderer liegengelassen. Sofort steckte der Vogel seinen Schnabel in das Gefäß, doch er konnte das Wasser, das sich in der Flasche gesammelt hatte, nicht erreichen. Mit gespreizten Flügeln versuchte er, sie umzustürzen. Jedoch er war zu schwach. Es gelang nicht. Dann wollte er ein Loch ins Glas picken, doch sein Schnabel war nicht stark genug. Plötzlich kam ihm ein Einfall. Er ging fort, sammelte kleine Steine, warf sie ins Wasser, bis er trinken konnte. Zum Schluß lachte er: Das hatte sein kluger Kopf erdacht!

Nacherzählungen schreibe ich eigentlich gern. Man kann sie auch leicht üben: Eine kleine Geschichte vorlesen lassen, gut aufpassen dabei, dann nacherzählen und am Schluß selber vergleichen, ob man gut nacherzählt hat.

Aus meinem Schulheft   Bildergeschichte/3. Klasse

Die gestohlene Wurst   *Verbesserung:*

Frau Mayer ging gerade aus dem Metzgerladen von Herrn Müller, als ihr ein Schäferhund nachschlich. Er biß den Wurstzipfel von der aus dem Netz herausschauenden Hartwurst ab. Das bemerkte ein Dackel, der hinter einer Telefonzelle zuschaute. Frau Mayer drehte sich um und rief dem Schäferhund zu: „Du Scheusal! Wurstdieb! Böses Biest!" Während Frau Mayer den Schäferhund ausschimpfte, zog der diebische Dackel die Wurst vollends aus dem Netz und riß aus. Frau Mayer rief ihm nach: „Verflixtes Biest! Verflixter Köter!" Doch die Wurst war weg.

Fehlanzeige! Fällt aus!
Ich brauchte den Aufsatz nicht zu verbessern. Hatte nichts dagegen! Was sagt Ihr dazu?
Was hätte ich besser schreiben können? Schreibt mir, wenn Ihr einen guten Vorschlag habt!
Ich antworte Euch dann in meiner schönsten Mischanenschrift.
Wer selbst so einen diebischen Dackel daheim hat, tut sich bei so einer Bildergeschichte leicht, aber ich habe keinen Dackel, nur einen Stoffhund. Und der stiehlt nicht, noch nicht, denn er ist noch klein.

Stellt Euch vor, der Dackel hätte den Rest der Wurst nicht gestohlen! Was wäre dann geschehen? Der Schäferhund hatte doch schon ein Stück abgebissen. Hätte die Frau den Rest der Wurst noch gegessen, obwohl sie der Schäferhund schon im Maul hatte? Ich glaube nicht! Frau Mayer wird zugeben müssen, daß das Stück Wurst für sie wertlos geworden war. Warum war sie dann aber so böse auf den Dackel? Das ist aber eine neue Geschichte!

Thema: Frau Mayer kommt heim und erzählt das Pech ihrem Mann.
Schreibt doch das Gespräch auf! Es kann recht lustig sein. Vielleicht bekommt Ihr auch Freude am Schreiben von Geschichten. Dann ist nämlich das Aufsatzschreiben nicht mehr so schwer, dann erhält man bessere Noten im Aufsatz, dann freut man sich, dann freuen sich die Eltern, dann bekommt man was geschenkt. Was? (Eine neue Geschichte!)

Unter der Nummer 8 und dem Datum 6. 3. 1975 steht in meinem alten Schulheft folgender Aufsatz:

Helmut und der Regenschirm

Helmut ging gerade spazieren, als es zu regnen begann. Er dachte: „Wie gut, daß Mami mir den Regenschirm mitgegeben hat, denn ohne Schirm werde ich naß." Helmut klappte den Schirm auf, richtete ihn gegen den Regen und ging weiter.

Meine Lehrerin schrieb darunter: „Du hast ja gar nicht fertiggeschrieben!" Also hier kommt die Fortsetzung der Fortsetzung der Bildergeschichte:

Am Markt aber stieß Helmut mit dem Schirm den Töpferstand um. Die Töpfersfrau schimpfte ihn: „Du Lausebengel! Lümmel!! Frecher Kerl!!!" Später ging Helmut über die Tannenwaldstraße, richtete den Schirm seitwärts und spazierte weiter. Plötzlich brauste ein Auto heran. Der Wagen stieß Helmut so stark an, daß er hinfiel und vor das Auto kollerte. An dem Wagen entstand ein Blechschaden von 400 Mark. Helmut aber blutete am rechten Knie und am linken Arm.

Bildergeschichte/3. Klasse

Diesen Aufsatz brauchte ich nicht nochmal zu schreiben. Ich war nicht unglücklich darüber. Aber mein Daddy hatte doch allerlei zu kritisieren (obwohl er die Bilder dazu gar nicht kennt!):
Besser:
„würde ich naß werden"
Man „klappt den Schirm zusammen"!
Man „spannt den Schirm auf"!
Mein Daddy sagte dazu:
„Warum hast du den Aufsatz nicht fertiggeschrieben? Warst du so langsam oder – so faul?"
Langweilige Darstellung! Welch Geschepper! Welch ein Tumult! Das Schimpfen kannst du!
Wie kommst du denn auf den Namen „Tannenwaldstraße"?
Besser: „Während er über die Straße ging, richtete er den Schirm seitwärts und sah nicht das Auto, das ..."
Wie hoch der Blechschaden ist, kann man in diesem Augenblick nicht feststellen. Zuerst kommt der Schaden, den ein Mensch an seinem Körper erleidet, dann erst das Blech!
Meint mein Daddy!

Aus meinem Schulheft

Hilfe! Es brennt!

Herr Müller ging mit seinem Sohn Emil gerade in die Tannenstraße, als Emil plötzlich rief: „Vater, es brennt!" Herr Müller erschrak, als er die Brandstelle sah. Dann sagte er schnell zu Emil: „Weißt du eine Notrufsäule?" Emil erwiderte: „Ja! Sie steht dort auf der Verkehrsinsel!" Die beiden liefen hin, Emil drückte den Hebel, und die Feuerwehrwache meldete sich: „Hier Feuerwache Dorfen." Emil sagte, wo es brannte. Danach flitzten die Feuerwehrleute an einer Stange in den Geräteraum und zogen sich an. Dann rückten sie aus. Beim Brand angekommen, schlossen sie ihre Schläuche am Hydranten an und spritzten ins Feuer. Als der Brand gelöscht war, retteten die Feuerwehrleute alles, knoteten Decken zusammen und trugen alles heraus.

Bildergeschichte/3. Klasse

Meine Verbesserungsvorschläge:

... bog gerade in die Tannenstraße ein ...

... als er das brennende Haus sah ... fragte er Emil ...

Emil rief aufgeregt hinein: „In der Tannenstraße brennt ein Haus!"
Ein anderes Bild zeigt, welche Reaktion die Meldung auslöste. Die Feuerwehrleute rutschten an einer Stange ...
Alles, was die Feuerwehrleute retteten, warfen sie in Decken, die sie zusammenknoteten ...
Das war das letzte Bild!

Kennt Ihr diese Bilderfolge? Wenn ja, könnt Ihr vergleichen: die Bilder und meinen Aufsatz.
Wenn Ihr die Bilder nicht kennt, könnt Ihr selbst entscheiden, ob ich richtig nacherzählt habe.
Auf den Bildern wird die Feuerwache einer größeren Stadt gezeigt, die eine Berufsfeuerwehr hat. In einer kleineren Stadt müßte die Freiwillige Feuerwehr erst alarmiert werden.
Wie ist es bei Euch? – Schreibt einen kleinen Aufsatz über Eure Feuerwehr!

In der Schule geschriebenBildergeschichte/3. Klasse

Der Fisch in der Dose

Es kam einmal ein Mann aus der Arbeit. Als er zu Hause war, sagte er zu seiner Frau: „Ich geh' noch ein bißchen zum Angeln." – „Ja, meinetwegen. Aber um 6 Uhr mußt du wieder daheim sein!" entgegnete die Frau. Dann lud er seine Angelsachen in den Wagen und fuhr an einen See. Dort suchte er einen schönen Platz. Bald hatte er einen gefunden, stieg aus und holte die Angelrute, einen Eimer, eine Dose Regenwürmer und ein Stühlchen aus dem Kofferraum. Er brachte alles an die richtige Stelle und hängte an seine Angel den Schwimmer und einen Regenwurm. Jetzt warf er die Angel aus. Es verging eine Viertelstunde, dann bog sich die Angelgerte. Schnell zog er die Beute hoch, doch es war nur eine große Dose. Als er aber hineinschaute, fand er darin einen großen Fisch. Darüber freute er sich, packte schnell zusammen und ging nach Hause. Zum Abend aß er seinen Fisch.

(Gernot Fink)

Wer andern eine Grube gräbt, fällt selbst hinein!Bildergeschichte/4. Klasse

Eines Tages beschloß der boshafte Sohn unseres Nachbarn, sich an einer alten Feindin zu rächen. Und er hatte Glück, denn zwei Tage nach seinem Beschluß kam das Mädchen an seinem Grundstück vorbei. Nachdem er im Keller einen Schlauch angeschlossen und in den Vorgarten gelegt hatte, rief er zu ihr hinaus: „Na, du dumme Gans! Sieht man dich mal wieder?" Das Mädchen war an diesem Tag nicht guter Laune und schmollte sofort. Der Junge aber ergriff die Gelegenheit und drehte ganz heimlich hinter seinem Rücken die Spritze auf. Dann drehte er sich ruckhaft herum und spritzte das Mädchen so lange an, bis es patschnaß war. Da rannte sie schlotternd und klappernd heim, zog sich zu Hause um und holte ihren großen Bruder...

(Gernot Fink)

Wer von Euch kann diese Geschichte zu Ende schreiben? Wie muß sie fortgesetzt werden, damit die Überschrift stimmt?

Aus meinem Schulheft   Bildergeschichte/4. Klasse

Solche Lausbuben!

Es war Winter. Bauer Strohmeier lud gerade Kisten auf den Anhänger seines Traktors. Die beiden Buben Hans und Fritz standen dabei. Schnell befestigte Hans den Schlitten, den sie dabei hatten, mit einem Strick am Anhänger. Die beiden Lausbuben setzten sich auf ihr Fahrzeug und ließen sich mitziehen, als der Bauer losfuhr. Zuerst war die Fahrt ein reines Vergnügen. Doch da die Buben nicht aufpaßten, merkten sie nicht, daß sie sich einer Stelle näherten, auf der kein Schnee lag. Plötzlich spürten die beiden, daß der Schlitten scharf gebremst wurde. Sie hatten nämlich den gefährlichen Fleck erreicht. Da der Traktor weiterfuhr, riß der Strick, und der Schlitten kippte um. Hans und Fritz kippten den Abhang hinunter. Der Schlitten machte sich selbständig. Er war wieder auf die Kufen gefallen, fuhr den Berg hinunter und – verschwand in einer offenen Jauchegrube. Da waren die beiden Lausbuben sehr froh, daß sie nicht mehr auf dem Schlitten saßen.

Dieses Geschichte schrieb ich nach einer Bilderfolge, die ich Euch leider nicht zeigen kann. Es waren fünf Bilder, vier mit der Erzählung, auf dem fünften war nur ein Fragezeichen. Zu diesem Fragezeichen habe ich die Jauchegrube erfunden. Das andere ist den Bildern nacherzählt.
Gefällt Euch der Aufsatz?
Meiner Lehrerin gefiel er anscheinend, denn sie schrieb darunter: „Sehr gut!" Das freute mich natürlich, und ich war sehr erbost, als mein Daddy sagte: „Die armen Buben! Sie sind stumm. Sie können kein Wort sprechen, denn sonst hätten sie doch wenigstens aufgeschrien, als sie plötzlich umfielen usw. Vielleicht hätten sie auch vorher schon miteinander gesprochen." Das ärgerte mich, und ich sagte: „Natürlich sind die beiden nicht stumm, sie sprachen miteinander und schrien auch. Aber ich habe ganz vergessen, das zu schreiben."

Also, ich will es mir merken:

Bei der Erzählung die wörtliche Rede nicht vergessen! (Auch die Anführungszeichen nicht!)

Aus meinem Schulheft

Bildergeschichte/4. Klasse

Wie du mir, so ich dir!

Einmal war der Maler bei Strohmeiers. Er hieß Klecks und war sehr lustig. Die beiden Söhne von Herrn Strohmeier, Fritz und Franz, schauten ihm bei der Arbeit zu. Weil Franz sich an dem Gestell, auf dem der Farbkübel stand, festhielt, spritzte Herr Klecks die beiden mit Farbe an. Die Tochter von Herrn Strohmeier (Sie hatte die ganze Zeit am Fenster gestanden.) schaute ganz erschrocken zu. Als der Maler Brotzeit machte, berieten die beiden, wie sie sich rächen könnten. Neugierig öffnete das Mädchen das Fenster und lauschte, was die beiden Lausbuben aushecken. Endlich hatten sie einen Plan. „Fritz, binde mit einem Strick den Farbkübel an den Gürtel von Herrn Klecks", bat Franz seinen Bruder. Als das geschehen war, sagte Fritz kichernd: „Das wird ein Spaß werden, hihihi!" – „Wenn Herr Klecks es nicht vorzeitig merkt!" entgegnete Franz bedächtig. Endlich stand der Maler auf, der Farbkübel fiel um, und die Farbe spritzte dem Maler auf die Jacke. Als sich Herr Klecks umdrehen wollte, stieß er an die Leiter, und der Pinsel, der oben drauf gelegen hatte, fiel dem Maler auf den Kopf. Fritz und Franz rannten lachend davon. Der erzürnte Herr Klecks aber brüllte ihnen nach: „Na wartet! Euch kriege ich schon noch!" Die Kleine, die, am Fenster stehend, den Streich der beiden Lausbuben verfolgt hatte, schaute vergnügt aus dem Fenster.

Es waren sechs Bilder, deren Geschichte wir nacherzählen mußten. Vielleicht hätte ich noch schreiben sollen, daß der Maler zur Brotzeit sich auf der untersten Sprosse der Leiter niedergelassen hatte. Daß die beiden von rückwärts kamen, als sie den Strick anbanden, ist wohl selbstverständlich, oder?
Auf jeden Fall, ich brauchte diesen Aufsatz nicht zu verbessern, nur noch einmal abzuschreiben wegen – schlechter Schrift!

Die **Bildergeschichte** kann man gut an Witzzeichnungen üben. Versucht einmal, einen gezeichneten Witz nachzuerzählen!

Aus meinem Schulheft

Erlebniserzählung/3. Klasse

In den Ferien

Wir haben an Silvester Gäste eingeladen, und fünf Sektflaschen sind jetzt leer. Silvesterraketen waren zehn umgebaute Sektkorken. Ich durfte bis 1 Uhr 50 aufbleiben. Treibsatz der Geschosse waren kleine, vom Fasching übrige Revolverkapseln.

Was sagt Ihr zu diesem Geschreibsel? Ich sage Euch, daß ich diesen Aufsatz am liebsten unterschlagen hätte. Da muß ich einen ganz schlechten Tag gehabt haben!

Wenn ich etwas so vermurkse wie diesen Aufsatz, dann ist mein Motto: „Weg damit! Vorbei! Nicht mehr daran denken!" Aber meine „Hausregierung" sagt: „Besser machen! Noch besser machen! Und noch einmal schreiben." Eine gute Methode, das muß ich ja widerwillig zugeben, aber anstrengend. Und manchmal mag ich nicht. Aber in diesem Fall sah ich ein, das mußte ein neuer Aufsatz werden. Mit neuer Überschrift!

Ich merkte mir deshalb: Immer der Reihe nach erzählen, nicht durcheinander!

Welche Fehler machte ich?

Im ersten Satz zog ich gleich Anfang und Ende des Abends zusammen. Das wäre ein kurzer Abend gewesen.
Im zweiten Satz erwähnte ich meine Spielerei mit den Silvesterraketen.
Im dritten Satz schrieb ich, wie lange ich aufbleiben durfte.
Und im vierten Satz kam ich auf die Raketen zurück. Ein Durcheinander!

Silvesterabend

Am Silvesterabend waren Gäste bei uns, und es war recht lustig. Nachdem ich das übliche Vorspielen auf dem Klavier erledigt hatte, versuchte ich, Silvesterraketen zu basteln, aus Sektkorken und Revolverkapseln. Aber es gelang nicht. Viel lustiger war es, wenn mein Daddy auf die Terrasse ging und dort den Sektkorken aus der Flasche knallen ließ. Manchmal schlug er mit der Faust unten an die Flasche, damit der Korken recht knallte. Immer wieder bat ich: „Noch einmal!" Aber Daddy sagte: „Versuche es doch mit deiner Limoflasche!" Ich versuchte es und – mußte mich umziehen.

Aus meinem Schulheft   Erlebniserzählung/3. Klasse

Ein Erlebnis auf der Straße

Einmal fuhr ich mit meiner Mama von Maierklopfen nach Erding. Plötzlich – wir hatten schon den Schönen Turm hinter uns – hörten wir eine Sirene. Mama fuhr sofort an den rechten Straßenrand und hielt. Ein Notarztwagen flitzte aus einer Seitenstraße. Die Notärzte kamen anscheinend von einem Unfall. Die Blaulichter blinkten. Als der Notarztwagen vorbei war, fuhren wir weiter.

Man sagte mir, daß der Aufsatz nicht schlecht sei. Aber mein Daddy war natürlich nicht damit zufrieden. „Du erzählst ja nicht, du berichtest sachlich und kurz. Als Bericht ist der Aufsatz gut, als Erlebniserzählung ist er nicht gut." – "Warum?" wollte ich wissen. „Als Erzählung ist dein Aufsatz nicht lebendig genug, zu sachlich, eben wie ein Bericht. In einer Erlebniserzählung muß der Leser das Erlebnis miterleben. Das erreicht man am einfachsten durch die wörtliche Rede. Schreibe in einer Erlebniserzählung wörtliche Rede, und sie kann nicht mehr schlecht werden."

Verbesserung für dieses Buch:

Einmal fuhr meine Mama mit mir von Maierklopfen nach Erding. Auf der ganzen Fahrt ereignete sich nichts Besonderes. Plötzlich – wir hatten den Schönen Turm schon hinter uns – hörte ich eine Sirene und schrie: „Mama! Eine Sirene! Hörst du sie?" Mama fuhr sofort an den rechten Straßenrand und hielt. Kaum stand der Wagen, fragte ich: „Was ist da passiert?" – „Ich weiß es auch nicht!" antwortete meine Mama. Aus einer Seitenstraße flitzte ein Notarztwagen. Anscheinend kamen der Notarzt und seine Helfer von einem Unfall und brachten einen Verletzten ins Krankenhaus. Die Blaulichter blinkten, und ich sah ihnen nach, bis sie verschwunden waren. „Die Sirene war aber laut!" sagte ich. Wortlos fuhr Mama weiter.

Es stimmt, Daddy hat recht: Mit wörtlicher Rede wird die Geschichte lebendiger. Ich finde, man kommt ohne wörtliche Rede sehr leicht in den sachlichen Berichtstil. Aber ganz abgewöhnen soll man sich den Berichtstil auch nicht. Man braucht ihn wieder. Ich glaube, in der 6. Klasse.

Aus meinem Schulheft

Erlebniserzählung / 4. Klasse

Ein Erlebnis mit einem Tier

Vor ein paar Jahren wanderte ich mit Mama und Daddy in der Nähe von Wartenberg. Es war in einem Wald. Wir waren schon ziemlich am Ende des Waldes, als wir einen Mann sahen, der wie ein Förster gekleidet war. An einer Kette hielt er einen Schäferhund. Mir war nicht ganz wohl zumute, als ich den Hund sah. Als der Mann uns näher gekommen war, stürzte sich der Hund auf mich. Beinahe hätte mich der Hund gepackt, doch ich machte mich schleunigst aus dem Staube. Der Mann faßte seinen Hund am Halsband und zog ihn zurück. Dann lächelte er uns etwas verlegen zu. Aber ich dachte: „Das ist noch einmal gut ausgegangen!"

Meine Lehrerin hat diesen Aufsatz mit „sehr gut" bewertet. Da aber mein Daddy sagte, daß man ihn noch verbessern könne, versuchte ich es. Was sagt Ihr, liebe Leser, dazu?

Verbesserung:

Vor ein paar Jahren wanderten meine Eltern und ich in der Nähe von Wartenberg durch einen Wald. Wir waren schon ziemlich am Ende des Waldes, als uns ein Mann begegnete, der wie ein Förster gekleidet war. An einer Kette führte er einen Schäferhund. Schon als ich den Hund von weitem sah, war mir nicht ganz wohl zumute. Gerade, als wir an dem Mann vorbeigehen wollten, stürzte der Hund auf mich los. Wenn ich nicht vor Schreck zurückgewichen wäre, hätte mich der Hund gepackt. Gott sei Dank riß der Mann den Hund am Halsband zurück. Dann lächelte er uns etwas verlegen zu und redete auf seinen Hund beruhigend ein. Aber der Hund war kaum zu halten und fletschte immer noch die Zähne. Ich dachte: „Das ist noch einmal gut ausgegangen!" Wir gingen erleichtert weiter, und ich sagte zu meinen Eltern empört: „Ich habe dem Hund doch gar nichts getan. Warum ist er nur so böse auf mich?"

Sicher habt Ihr auch schon Erlebnisse mit Tieren gehabt. Mein Rat aus meiner „Erfahrung": Schreibt ihn daheim! Einmal im Leben müßt Ihr sicher dieses Thema bearbeiten. Und da ist es von Vorteil, wenn man sich daheim schon einmal damit beschäftigt hat. Dann kann der Schulaufsatz die Verbesserung des Hausaufsatzes sein!!!

So schrieb ich den Aufsatz in der Schule:

Ein Erlebnis mit dem Wind

I.

Ich bin am 2. Oktober 1973 mit meinem Opa und meiner Oma zum Drachensteigen gefahren. Es wehte ein sehr starker Wind. Ich ließ meinen Bussard-Drachen etwa 80 Meter hoch. Plötzlich riß die Schnur, und der Drachen segelte Richtung Schwimmbad.
Mein Opa und ich, ja, ja, wir starteten sofort, doch erfolglos, denn meine Oma war schneller. Wir rissen die Augen auf, als wir beim Auto ankamen. Doch dann sahen wir, daß der Drachen offenbar gestürzt war, weil die Mittelstange gebrochen war.

II.

Eines Tages fuhr ich mit Opa zum Drachensteigen auf die Volksfestwiese beim Schwimmbad. Der Drachen stieg 80 m hoch. Weil die Schnur an der Halterolle nicht befestigt war, kam der Drachen dem Opa aus. Der Drachen flog davon und stürzte ins Schwimmbad. O weh! Da war guter Rat teuer. Wir sausten wie die Wilden und sprangen über die Mauer beim Schwimmbad. Aber Oma, die auch dabei war, war schneller. Sie hatte den Drachen schon in der Hand, als wir mit ihr zusammentrafen. Gott sei Dank! Ende gut, alles gut!

Erlebniserzählung/3. Klasse

Welcher Aufsatz gefällt Euch besser? Warum?
Wie mein Daddy die Aufsätze kritisierte, könnt Ihr jetzt lesen:

Zu Aufsatz I:
Die Zeit, in der man erzählt, also die **Erzählzeit** ist die **1. Vergangenheit** (Präteritum): ich fuhr ...
Das Datum ist für eine **Erlebniserzählung** nicht wichtig. Nur im **Bericht** will man genau wissen, wann sich etwas ereignet hat. Unklar bleibt, wie die Oma zum Drachen kam. Schlußsatz fehlt.

Daheim schrieb ich die Geschichte noch mal, diesmal so:

Zu Aufsatz II:
Der Aufsatz ist für eine Erzählung zu sachlich geschrieben, wie ein Bericht. Es fehlt die wörtliche Rede, die das Erlebnis lebendig macht. Der Schluß ist gut.

So verbesserte ich den Aufsatz für dieses Buch:

III.

Drachenabenteuer

Von Opa hatte ich einen Drachen geschenkt bekommen, einen großen Bussard-Drachen. Wir fuhren zum Volksfestplatz, um ihn fliegen zu lassen.
„Opa", sagte ich, „halte bitte die Schnur, ich werde mit dem Drachen laufen." Es blies ein starker Wind, und der Drachen stieg und stieg, herrlich! 80 Meter war die Schnur lang, und sie war fast zu Ende. „Opa! Du hast die Schnur ausgelassen!" schrie ich plötzlich, als ich sah, daß mein Drachen davonflog. „Nein! Ich habe doch noch den Haltegriff in der Hand!" rief Opa. „Die Schnur war nicht befestigt! So ein Blödsinn!" – „Aber den müssen wir wieder einfangen!" Und wir liefen dem Drachen nach, der, wie es schien, in das Schwimmbad stürzte. Als wir endlich ohne den Drachen, voller Ärger, zum Auto kamen, wer stand dort, und wer hatte meinen Drachen in der Hand – die Oma.
Sie hatte ja nur zusehen wollen, und dabei den Drachen gerettet. „Danke, Oma! Das hast du gut gemacht!"

Zu III:

Die **Einleitung** ist gut, denn der Leser will doch wissen, was für ein Drachen das war.
Im **Hauptteil** wird ausführlich das Gespräch geschrieben, wie es wirklich geführt wurde. Das ist doch eine Aufregung, wenn plötzlich der Drachen sich selbständig macht und davonfliegt! Diese Aufregung macht sich in Geschrei Luft.
Nicht schreiben: „Ich schrie."
Besser: „Du hast die Schnur ausgelassen!"
In diesem Aufsatz ist auch eine gewisse Spannung. Es wird nicht am Anfang schon alles verraten. Erst gegen Schluß wird erzählt, daß der Drachen gerettet wurde. Und wie das erzählt wird! Nicht schreiben: „Meine Oma rettete den Drachen."
Besser: „Wer stand dort, und wer hatte meinen Drachen . . .
Auch der **Höhepunkt** ist gut herausgearbeitet. Von dem Aufschrei „Opa" bis „stürzte" reicht der Höhepunkt.
Sucht diese Stelle, damit Ihr wißt, was ein Höhepunkt in der Erlebniserzählung ist!
Im **Schluß** wird die Erzählung noch abgerundet. Nicht einfach abbrechen!
Welche Überschrift ist besser? Bei I oder bei III?

Schulaufsatz   Erlebniserzählung/4. Klasse

Ein furchtbarer Schreck

Einmal wanderten wir im Fichtelgebirge. Als wir schon ein paar Kilometer gegangen waren, blieb ich mit meinem Freund, der auch dabei war, ein Stück zurück, weil ich mich mit ihm unterhielt. Nach einer Weile blickte ich wieder auf und dachte, ich sehe meine Eltern. Doch, o Schreck! Sie waren verschwunden! Ich dachte: „Was soll ich bloß machen? Ich kann ja nicht Auto fahren!" Bald ging ich schneller, bekam vor lauter Schreck starkes Herzklopfen und schwitzte schon an den Händen. Wir gingen etwa hundert Meter, und ich dachte, dieser Weg werde nie mehr aufhören. Doch plötzlich war ich wie um zwei Tonnen erleichtert, denn ich erspähte meine Eltern, wie sie mit einem Bauern redeten. Alsbald hatten wir sie wieder eingeholt und wanderten gemütlich weiter. So hatte alles einen guten Ausgang genommen.

(Gernot Fink)

Diesen Aufsatz schrieb mein Nürnberger Freund im 4. Schuljahr. Ich finde ihn gut, und seinem Lehrer muß er auch gefallen haben, sonst hätte er ihm nicht die Note 1 darauf gegeben. Habe ich selbst gesehen, die Note meine ich, nicht den Lehrer!
Was mir nach meinen Erfahrungen mit dem Aufsatzschreiben auffällt, ist nur die Tatsache, daß er mit seinem Freund kein Wort spricht, wenigstens nicht wörtlich. Und mir sagt „man" immer, ich solle wörtliche Rede schreiben. Dann werde der Aufsatz „lebendig". Kann sein! Die Hauptsache ist natürlich der Einser!
Mein Freund sagte, den letzten Satz solle ich verbessern, er gefalle ihm nicht mehr! Also Verbesserung:
So nahm der Schreck ein gutes Ende. (Er ist immer noch nicht zufrieden!) Oder: Ende gut, alles gut!

Habt Ihr schon einmal einen großen Schreck erlebt? Sicher! Ich auch wahrscheinlich, denn so ist es: Da soll ich über einen „furchtbaren Schreck" schreiben, aber es fällt mir im Augenblick keiner ein. Jetzt mal intensiv nachdenken! – Nichts! – Noch mal nachdenken! – Jetzt hab' ich es: Da war doch damals der Schreck mit ... (Jetzt müßt Ihr es haben. Wie soll ich wissen, was Ihr erlebt habt!)

Ein Erlebnis mit einem guten Freund   Erlebniserzählung/4. Klasse

Mein Freund, mein Papa und ich fuhren an einen Bach, um Rindenschiffchen schwimmen zu lassen. Wir stellten unser Auto in der Nähe ab. Dann begannen wir mit der Arbeit. Zuerst entfernten wir Äste, die im Bach lagen, und bauten kleine Häfen für unsere Schiffe. Mein Freund Martin war mit großem Eifer bei der Sache. Er brachte Steine herbei, weil wir einen Damm bauen wollten. Immer wieder ließ er sich den Spaten geben, den er zum Ausheben von Kanälen brauchte. Einmal stieß er dabei auf einen Ast und fluchte: „Mist, da ist ein dicker Prügel im Sand!" Martin zog und zerrte aus Leibeskräften – da gab der Ast plötzlich nach, und mein Freund, der dem Bach den Rücken zugewandt hatte, platschte mit dem Hinterteil ins Wasser. Als er sich schimpfend herausgearbeitet hatte, packten wir den patschnassen Martin in eine Decke und fuhren ihn schnell nach Hause.

(Gernot Fink)

Ein schöner Aufsatz, das sagt Ihr doch auch? Das Erlebnis ist aber auch gut. Da läßt sich etwas daraus machen, ein Einser meine ich.
Schade, daß nur eine einzige wörtliche Rede in der Erzählung steht. Dabei ist doch so viel geschwätzt worden, und dann schrien die Buben auf, und dann kam der Vater gerannt und rief: „Was hast du denn gemacht, Martin? Komm ich helfe dir heraus..." Was man halt so sagt, wenn jemand ins Wasser gefallen ist.
Wollt Ihr nicht die schöne Geschichte mit viel wörtlicher Rede noch ausschmücken, noch lebendiger machen? Das wäre eine gute Übung für – den nächsten Schulaufsatz.
Jetzt habe ich eine Idee: Bei jedem Aufsatzthema, das Ihr hier lest, solltet Ihr überlegen: „Was würde ich schreiben? Was habe ich zu diesem Thema erlebt? Wie könnte ich die Geschichte spannend erzählen, so daß die Geschichte anderen gefällt?"
Was würdest Du schreiben bei dem Thema „Ein Erlebnis mit einem guten Freund"? Überlege es Dir! Du brauchst den Aufsatz nicht zu schreiben, wenn Du keine Lust dazu hast. Aber nachdenken kannst Du doch! Welches Erlebnis könnte man recht wirkungsvoll erzählen?

Aus meinem Schulheft

Erlebniserzählung/4. Klasse

Lügen haben kurze Beine

Ich flog mit einer Photonenrakete zum Mars. Dort schaute ich mich ein wenig um und bemerkte eine hübsche Herde von Marskälbern. Marskühe und -ochsen bemerkte ich nicht. Zuerst machte ich mit einem Marsmenschen eine Schneeballschlacht. Dann fing ich mir ein Marskalb und hängte es beim Rückflug vor eine gezündete Düse. Diese Düse war mit Kerosin betrieben. Nach der Landung fand ich es gebraten am Strick hängen.

Was sagt Ihr zu diesem Aufsatz? Ich sage gar nichts dazu, aber meine Lehrerin schrieb unter den Aufsatz:
Dein Aufsatz gefällt mir dieses Mal nicht. Du hast nämlich keine Erlebniserzählung, sondern eine Phantasieerzählung geschrieben. Außerdem hast Du das Thema verfehlt! Schade! Paß in Zukunft wieder besser auf, dann wirst Du sicher wieder gute Noten erhalten!

Also:
1. Thema verfehlt!
2. Aufsatzform falsch!
Ich werde es mir merken!
Übrigens: Als Phantasieerzählung ist der Aufsatz auch nicht gut.

Lügen haben kurze Beine

(Verbesserung ist nicht möglich, deshalb neuer Aufsatz)
Eines Tages fragte mich meine Mama: „Habt ihr in der Schule einen Aufsatz geschrieben?" Ich antwortete: „Nein, Mama!" Es war mir bei dieser Antwort nicht ganz wohl zumute, weil wir nämlich am gleichen Tag einen Aufsatz zurückbekommen hatten, bei dem ich einen Fünfer hatte. Ich hatte nicht nur das Thema verfehlt, sondern auch die Aufsatzart. Ich hatte statt einer Erlebniserzählung eine Phantasieerzählung geschrieben, und die hatte mit dem Thema „Lügen haben kurze Beine" wirklich nichts zu tun.
Ein paar Tage später schaute meine Mama mein Aufsatzheft an und fand den verkorksten Aufsatz! Sie sagte: „Du hast doch vor ein paar Tagen gesagt... Warum hast du mir den Aufsatz nicht gezeigt?" Ich schwieg, denn, was hätte ich schon sagen können. „So etwas möchte ich nicht wieder erleben!" Verlegen ging ich in mein Zimmer. So ein dummes Thema!

Aus meinem Schulheft   Erlebniserzählung/4. Klasse

Winterfreuden?

Einmal war Stefan in den Winterferien mit mir in Maierklopfen. Daddy fuhr uns beide zu meinem Ski- und Schlittenberg. Den Schlitten hatten wir dabei. Angekommen, packten wir den Schlitten aus, transportierten ihn zum Startplatz und machten aus, wer als erster starten sollte. Zuerst fuhr Stefan, dann ich. Weil uns das zu langweilig war, fuhren wir zusammen, nämlich beide auf einem Schlitten. Stefan, der der Lenker war, lehnte sich aber so weit zurück, daß ich hinten vom Schlitten rutschte. Als ich im Schnee lag, schrie ich: „Stefan!" Er bremste so scharf, daß der Schlitten umfiel. Als ich mir den Schnee abgeklopft hatte, zogen wir den Schlitten (er war mit Stefan den halben Berg hinuntergefahren) wieder hinauf.

Meine Lehrerin meinte zu diesem Aufsatz, daß ihr vor allem der Bau meiner Sätze gefalle, weil die Sätze so verschieden, so abwechslungsreich, gebaut seien. Sie erklärte der Klasse, daß wir die Sätze nicht immer nach dem Muster „Subjekt – Prädikat – Objekt" bauen sollten.

Da ich meine Sätze nicht bewußt so verschieden zusammengebaut hatte, untersuche ich sie jetzt:
1. Satz: beginnt mit einer Zeitangabe.
2. Satz: Subjekt – Prädikat – Objekt – Ortsangabe.
3. Satz: Objekt – Prädikat – Subjekt.
Der 4. Satz ist ganz kompliziert gebaut, mit Hauptsatz und Gliedsatz. Drei Prädikate im Hauptsatz!
Den 5. Satz beginne ich mit der Zeitangabe, dann Prädikat, dann Subjekt.
6. Satz: Gliedsatz – Hauptsatz.
7. Satz: Ein ganz guter Satz, aber kompliziert gebaut.
8. Satz: Gliedsatz – Hauptsatz.
9. Satz: Hauptsatz – Gliedsatz.
10. Satz: Gliedsatz – Hauptsatz.
Der Satz in Klammern gefällt mir nicht mehr. Aber ich brachte diese Mitteilung nicht anders unter. (Lösung S. 83.) Jetzt weiß ich auch, daß ich viel mehr wörtliche Rede hätte bringen sollen, viel mehr Gespräche zwischen meinem Freund und mir.
(Prädikat = Satzaussage / Subjekt = Satzgegenstand / Objekt = Ergänzung / Gliedsatz = Nebensatz)

Aus dem Religionsunterricht

Erlebniserzählung/4. Klasse

Mein Freund und ich

Mein Freund Stefan und ich waren einmal in Maierklopfen. Ich fuhr mit den Skiern, Stefan mit dem Schlitten. Ich purzelte hin, wollte aufstehen, doch ich kam nicht in die Höhe. Stefan jagte mit dem Schlitten zu mir und wollte mir aufhelfen, aber er schaffte es nicht. Klar, bei meinem Gewicht von 40 kg braucht man fast einen Kran.

Das ist eine kleine Arbeit aus dem Religionsunterricht, eigentlich kein deutscher Aufsatz. Wir sollten etwas über die Beziehungen zwischen zwei Freunden schreiben. Vielleicht hat sich der Lehrer einen anderen Inhalt erwartet, ich weiß es nicht. Aber ich finde, daß man das kleine Erlebnis auch symbolisch sehen kann. Ich stürzte, bin gefallen, mein Freund will mir aufhelfen, aber ich bin zu schwer für seine Kräfte. Da hätte schon ein Erwachsener helfen müssen. Aber die Hilfsbereitschaft meines Freundes war da, ich fühlte mich nicht allein gelassen. Er war sofort da, und gemeinsam schafften wir dann das Aufstehen.

Was hätte ich besser schreiben können?
„Maierklopfen" ist für die meisten Leser kein Begriff, deshalb „auf einem Schneehang".
Zweimal beginne ich einen Satz mit „ich"! Statt „purzelte": stürzte.
Hier hätte ich die Bemühungen meines Freundes ausführlicher erzählen sollen, vor allem mit wörtlicher Rede, so, wie es wirklich war.

„Hast du dir weh getan?" – „Ach nein!" sagte ich, „nur die verflixten Skier rutschen mir immer weg, wenn ich aufstehen will". – „Warte, ich helfe dir. Ach, bist du schwer!" – Ja", lachte ich, „ich wiege schließlich 40 kg!" – „Bei dir bräuchte man einen Kran!" lachte mein Freund zurück. Er zog und schob, ich stemmte mich und spannte die Muskeln, dann stand ich wieder auf den Beinen – ohne Kran!

Aus den zwei Sätzen des Originaltextes habe ich ein ganzes Gespräch gemacht. Das ist doch viel besser als vorher der Satz „wollte mir helfen, aber er schaffte es nicht".
Das ist das Geheimnis der Erzählkunst! Habt Ihr es auch erfaßt?

Nicht aus meinem Schulheft   Erlebniserzählung/4. Klasse

Ein Zauberer in der Schule

Jedes Jahr kommt einmal ein Zauberer zu uns in die Schule. Da ich schon in der 4. Klasse bin, habe ich schon einige Zauberer erlebt oder besser gesagt kennengelernt. Ich war eigentlich immer recht zufrieden gewesen mit den Schulzauberern. Aber der letzte taugte gar nichts.
Nicht einmal eine Maus konnte er verschwinden lassen, von einem Hasen gar nicht zu reden. Immer wieder probierte er es. Feierlich legte er sein schwarzes Tuch auf den Hasen, machte mit seinem Zauberstab einen Hokuspokus darüber, murmelte seinen Zauberspruch und – dann sah der Hase wieder frech unter dem Tuch hervor. Wir lachten uns halbtot!
Dann versuchte er, eine wasserdichte Papiertüte herzustellen. Der Zauberer goß nach Fertigstellung Wasser in die Tüte. Da ich den Trick schon kannte, war ich sehr erstaunt, daß das Wasser wieder heraustropfte. Weil alle den gewöhnlichen Ausgang des Experiments kannten, brach ein schallendes Gelächter aus. Ich dachte: „Der Zauberer kann ja gar nichts!" Schließlich wollte er eine Taube aus seinem Zylinder „herauszaubern", aber es kamen nur zwei rote Halstücher heraus! Ich sagte zu Stefan: „Der Zauberer ist ein Murkser!" Stefan antwortete: „Das wollte ich auch gerade sagen."
Hier brach ich den Aufsatz ab, und prompt kam eine Reklamation: „Da fehlt doch der Schluß!" Was kann man da schon für einen Schluß schreiben? Murks! Murks! Und wieder Murks!
Aber damit mein Aufsatz kein Murks bleibt, schrieb ich noch den Schluß dazu:
Wenn der Zauberer öfters solche Mißerfolge hat bei seiner Zauberei, wird ihm wohl bald die Lizenz entzogen. Er soll nochmal die Zaubererschule besuchen und eine Abschlußprüfung machen. Ohne ein Abschlußzeugnis lassen wir den nicht mehr herein.

Die **Erlebniserzählung** hat A) eine Einleitung,
　　　　　　　　　　　　B) einen Hauptteil,
　　　　　　　　　　　　C) einen Schluß.

Wenn Du den Hauptteil und den Schluß auf einer neuen Zeile beginnst, sieht man auch äußerlich die drei Teile der Erlebniserzählung.

Nicht aus meinem Schulheft Erlebniserzählung/4. Klasse

Die Überraschung

Vor einiger Zeit durfte ich mit Mama in die Prähistorische Staatssammlung in München gehen. Sie ist in einem Neubau untergebracht, und wir fanden sie hinter dem Nationalmuseum, so ungefähr.
Im ersten Raum befanden sich zwei Einbäume. Die interessierten mich, weil ich mir schon lange einen Einbaum wünsche. Aber neben dem einen stand ein Schildchen, und ich las „1765". „Der ist ja gar nicht so alt", sagte ich enttäuscht. Mama erwiderte: „Dort steht doch: Bis 1765 benützt!" Da war ich wieder zufrieden. „Sonst hätte er ja hier nichts zu suchen! Schließlich heißt ‚prähistorisch' doch ‚vorgeschichtlich'! Hab' ich im Fremdwörterbuch nachgelesen!" Nachdem ich die beiden Schilder genau gelesen hatte, gingen wir weiter. Im zweiten Raum hing eine römische Grabplatte an der Wand, und ich konnte einen echten römischen Helm bewundern. Dann aber kam die Überraschung! Eigentlich waren es zwei Überraschungen. In einem Schaukasten sah ich eine Bronzekanne aus Isen. Das liegt doch im Landkreis Erding!" rief ich überrascht. Als ich dann im nächsten Raum einen Schaukasten mit Keramik betrachtete, las ich neben einer schönen roten Sigillataschüssel den Herkunfts- bzw. Ausgrabungsort „Klettham". Könnt Ihr Euch meine Überraschung vorstellen? Ach, Ihr wißt ja nicht, daß ich in Klettham wohne. Das ist ein Stadtteil von Erding! „Ist die Schüssel wirklich bei uns gefunden worden?" fragte ich meine Mama, „vielleicht dort, wo unser Haus steht?" – „In der Nähe", antwortete Mama, „dort, wo jetzt die Parksiedlung steht, wurde vor Jahren ein Gräberfeld gefunden". – „Toll!" meinte ich, „das ist die größte Überraschung seit langem. Hast du das gewußt, Mama?" – „Nein, ich bin auch überrascht!" sagte sie.
Was wir sonst noch sahen, ist nicht so wichtig. Aber eine Sigillataschale aus Klettham!

Daddy meint, ich könnte über diese Schale noch eine Phantasieerzählung schreiben: „Die Schale von Klettham". Aber, nein, einmal muß Schluß sein! Schreibt doch Ihr den Aufsatz!

Nicht aus meinem Schulheft — Erlebniserzählung/4. Klasse

Sonnenfinsternis in der Schule

Habt Ihr schon einmal eine Sonnenfinsternis erlebt? Ich schon! Eines Morgens kam mein Opa vom ersten Stock herunter und sagte: „Heute ist eine partielle Sonnenfinsternis." – „Warum keine totale?" fragte ich, „ich möchte es ganz finster haben." – „Das geht nicht nach deinem Wunsch", belehrte mich Opa. „Die Sonne wird heute zwischen 10 Uhr und 11 Uhr vom Mond zum Teil verdeckt, deshalb partielle Sonnenfinsternis." – „Weiß ich doch, Opa!" meinte ich. – „Hör zu! Ich habe dir hier ein Glas geschwärzt, damit du in die Sonne schauen kannst, ohne deine Augen zu gefährden", sagte mein Opa. Gut, ich nahm das Glas mit in die Schule. Stellt euch vor, ich war der einzige, der daran gedacht hatte. Ich wurde gelobt. Von meinem Opa sagte ich kein Wort. Als dann die Sonne sich verfinsterte, wollte jeder durch mein geschwärztes Glas schauen. Natürlich tappte fast jeder in das Glas und – wischte ein bißchen Ruß weg. Ja, und dann war kein Ruß mehr drauf. Nichts war es mit dem Beobachten der Sonnenfinsternis!
Als ich heimkam und das erzählte, sagte mein Opa: „Du mußt ein Dia-Rähmchen innen schwärzen und dann zusammenkleben, dann ..." – „Hab' schon kapiert!" rief ich und machte mich an die Arbeit. Jetzt warte ich jeden Tag auf eine kleine Sonnenfinsternis. Bis jetzt kam noch keine.

A) Einleitung
B) Hauptteil mit Höhepunkt
C) Schluß
Wo beginnt der Hauptteil?
Welche Sätze bilden den Höhepunkt?
Wo beginnt der Schluß?
Einleitung und Schluß sollen kurz sein, sie sind nur der Rahmen für die Erzählung! (Und der Rahmen kann doch nicht größer sein als das Bild!)
Der Schluß ist mir zu lang geraten. Dabei habe ich schon folgende zwei Sätze herausgestrichen: „Ich habe jetzt ein schönes schwarzes Dia-Rähmchen. Keiner kann mir mehr den Ruß wegwischen."
Ich habe es versucht, ich kann den Schluß nicht mehr kürzen, obwohl er immer noch zu lang ist. Könnt Ihr den Schluß auf zwei kleine Sätze verkürzen?
(Lösung Seite 83)

Aus meinem Schulheft   Reizwortgeschichte/3. Klasse

Verunglückt!

Jochen ging zu seinem Freund Emil. Als er über die Ontariostraße gehen wollte, schaute er nicht nach links und rechts. Dabei geschah ein Unfall. Als er über die Straße ging, flitzte ein Mercedes sechshundert heran, konnte nicht mehr bremsen, Jochen geriet unter die Räder und brach sich einen Arm. Der Autofahrer rief sofort die Polizei an. Die Polizei brauste mit Tatü-Tata heran, rief das Krankenhaus an und wartete. Nach einigen Minuten kam der Krankenwagen. Zwei Sanitäter brachten Jochen in den Wagen. Dann ging's mit Blaulicht und Martinshorn zurück ins Krankenhaus. Dort erwartete der Arzt den Verletzten und behandelte ihn. Am Unfallort nahm die Polizei Autonummer und Personalien des Fahrers zu Protokoll. Nachdem die Bremsspur gemessen war, wurde die Straße für den Verkehr wieder freigegeben.

Selbstkritik:

Ich kenne weder einen Jochen noch einen Emil, noch eine Ontariostraße. Besser:
„... weder nach links noch nach rechts." Die Ankündigung des Unfalls ist überflüssig. Ein Mercedes 600 (Schreibweise!) „flitzt" nicht, sondern „braust heran".
Den Armbruch stellte erst später der Arzt fest. Wo war das Telefon? Neben der Unfallstelle? Warum nicht auch das Rote Kreuz? Zeitverlust! Autotelefon! Leichte Verletzung? War kein Notarzt dabei? Wie? Mit einem gebrochenen Arm kann man doch gehen.
Warum brachten sie ihn „zurück"? Jochen war vorher nicht dort. Wie behandelte der Arzt ihn? Wurde bei diesem Unfall kein Wort gesprochen? Wörtliche Rede würde die Erzählung lebendig machen. Aber das habe ich damals noch nicht gewußt.
Aber Ihr wißt es jetzt!

„Reizwortgeschichte", das soll eine Geschichte werden, die einem einfällt, wenn man ein bestimmtes Wort hört. Das Wort soll uns „reizen"! Mich reizt aber manches Wort überhaupt nicht, vor allem nicht das Wort „verunglückt", eher schon das Wort „Kirschkuchen". Da würde mir vielleicht etwas einfallen. Andere Wörter reizen mich so, daß ich reizbar werde, gereizt bin, gar nicht mehr reizend bin. Kennt Ihr auch ein solches Wort? Für mich ist das größte „Reizwort": Aufsatzverbesserung!

Aus meinem Schulheft   **Reizwortgeschichte/4. Klasse**

Ball — Fenster
mit eigener Überschrift

Der Schuß ins Fenster
Einmal spielten Stefan und ich in unserem Garten Fußball. Stefan schoß den Ball genau aufs Tor. Ich wehrte ab, und ganz plötzlich klirrte es. „Ojemine!" dachte ich. Wir beide standen wie gelähmt. Auf einmal öffnete sich die Haustür. Mama ging auf uns zu und schimpfte uns. Dann sagte sie: „Das Fenster bezahlst du!" Danach mußte ich die neue Fensterscheibe bezahlen.

Verbesserung:

Mama kam heraus und sagte: „Das ging nochmal gut ab. Wie oft sage ich Euch: Spielt nicht so nah am Haus! Schießt doch nicht in Richtung der Fenster! Ich sage Dir, Elmar, wenn eine der großen Scheiben kaputt geht, dann bezahlst du sie. Weißt du, was sie kostet? 250,- Mark. Heute abend kannst du ausrechnen, wie viele Jahre du mit deinem Taschengeld abzahlen müßtest."

Wie findet Ihr diese Geschichte?
Ich finde sie nicht besonders gut. Nun habe ich überlegt, warum mir die Geschichte nachträglich nicht mehr gefällt. Ganz einfach: Mit Ausnahme des Fußballspiels ist alles Schwindel. Ich habe noch nie erlebt, daß durch einen Ball von mir eine Fensterscheibe in Scherben ging. Deshalb wußte ich auch nicht, wie meine Mama darauf reagiert. Ich nahm an, daß sie in einem solchen Fall schimpfen würde. Aber man soll nicht schreiben „Mama schimpfte uns", sondern sollte schreiben, was sie dabei sagte. Und das wußte ich eben nicht.
Ich schrieb, daß das Fenster klirrte. Dann muß es ja gar nicht zerbrochen sein.

Wie findet Ihr die Verbesserung?
Der Text ist doch viel lebendiger als vorher. Immer wieder: Wörtliche Rede bringen!
Die Leute reden lassen, und selber sprechen.
Auch in einer Reizwortgeschichte, die ja meist erfunden ist, wenn man nicht zufällig etwas erlebt hat, was zu den Reizwörtern paßt, soll man wörtliche Reden verwenden.

Aus meinem Schulheft

Reizwortgeschichte/4. Klasse

Zirkusaffe entkommen — Aufregung

Kritik, aber nicht von mir:

Einmal war ein Zirkus hier in Erding. Der Affenwärter ging gerade zum Käfig des Schimpansenmännchens „Alexander". Kaum hatte der Wärter die Tür des Affenkäfigs geöffnet, um die Futterschüssel hineinzustellen, rutschte Alexander durch die Tür. „Das habe ich von dir nicht erwartet, daß du ausreißt!" rief der Wärter dem Tier nach. Dann berichtete er dem Zirkusdirektor, daß der Schimpanse entkommen war. Der Zirkusdirektor war sehr aufgeregt, als er von der Flucht Alexanders erfuhr. „O weh, da sehe ich sehr schwarz für unsere Weltsensation!" jammerte er. „Nun müssen wir das Programm ändern." Inzwischen jagte der Affe durch die Stadt. Plötzlich sah er, daß ein Fenster eines Einfamilienhauses offen stand. Sofort sprang er hinein und lockerte dabei die Schrauben des Fensterrahmens. Dann lief er in das Schlafzimmer, wo er das Bücherregal von der Wand riß. Auf einmal hörte er Stimmengewirr. Eine Frau kam herein und stieß einen schrillen Schrei aus. Darauf lief ein Mann ins Zimmer, der den Affen einfing und zum Zirkus brachte.

Was hast du denn da für einen Unsinn zusammengeschrieben? Dreimal hast du geschrieben, daß der Affe ausgerissen ist.
Was sollte das für eine „Weltsensation" sein? Warum das Programm ändern, statt den Affen einzufangen?
Welche Schrauben hat er denn gelockert? Wenn ein Affe in ein Schlafzimmer kommt, dann zerreißt er vielleicht die Federbetten, reißt aber nicht ein Bücherregal herunter.
Dann aber geht es sehr schnell. In einem Nebensatz erledigst du das ganze Problem. „... der den Affen einfing und zum Zirkus brachte." So einfach war das also? Es würde uns doch interessieren, w i e der Mann das gemacht hat. Hat der Affe ihn nicht gebissen?

Am nächsten Tag kam ich heim und sagte so nebenbei zu meinem Daddy: „Auf den schlechten Aufsatz von gestern habe ich einen Einser bekommen!"

―――――

Und dann erzählte ich ihm die kleine Geschichte von dem Igel, der zu seinem Jungen sagte: „Immer zuerst schnuppern, dann erst fressen!" Versteht Ihr den Witz?

Glück gehabt!

Reizwortgeschichte/4. Klasse

Verloren — gefunden

Wir waren in Freising. Ich stieg aus unserem Wagen aus, sperrte alle Türen, bis auf die von Daddy, ab, schloß aber meine nicht und wartete, bis Daddy ausstieg. Dann sperrte ich auch die Fahrertür ab und schloß auch meine Tür. Jetzt gingen wir los. Plötzlich sagte Daddy: „Ich glaube, ich habe meinen Autoschlüssel verloren." Mama antwortete mit einer Gegenfrage: „Wo hast du ihn zum letzten Mal gesehen?" – „Im Auto." – „Wann war das?" – „Ich glaube, vor einer halben Stunde." – Jetzt schaltete ich mich ein: „Hast du vielleicht den Autoschlüssel im Wagen stecken lassen?" Daddy brummte: „Könnte sein!" Sofort setzten wir uns in Richtung Wagen in Bewegung. Als wir dort angekommen waren, schaute ich sofort zum Autowagenfenster hinein. Und der Schlüssel steckte! Ich fragte Daddy: „Wie kommen wir jetzt hinein?" Daddy erwiderte: „Keine Angst! Ich habe ja meinen Reserveschlüssel in der Tasche." Daddy sperrte auf, und wir setzten uns hinein. Als wir schon fast daheim waren, sagte ich: „Da haben wir aber mächtiges Glück gehabt!"

Wie gefällt Euch der Aufsatz? Mir gar nicht! Ich mußte ihn nämlich nochmal schreiben – wegen schlechter Schrift! Dabei bekam ihn mein Daddy in die Finger und – lobte mich.

Aber einige Kritik hatte er doch parat:

Der zweite Satz sei etwas langweilig im Satzbau, auch umständlich ausgedrückt. Besser sei: Ich versperrte die beiden Türen auf der rechten Seite, wartete ... Statt „schloß" und „sperrte ab" hätte ich besser „verriegelte von innen" schreiben sollen.

Das Gespräch mit den wörtlichen Reden gefiel ihm gut. Auch die Zwischensätze seien gelungen.

Dann empfahl er mir aber einen neuen Schluß:

Da haben wir Glück gehabt!

Aber weil ich mich auf das Glück nicht verlassen will, muß mir Daddy immer die Autoschlüssel zeigen, bevor ich die anderen Türen von innen verriegele.

Und das stimmt auch: So mache ich es seit diesem Vorfall.

Mäusejagd — Katze — Dame   Reizwortgeschichte aus Nürnberg

Die Familie von Schreckenstein erlebte eine unruhige Nacht. Fräulein Andrea von Schreckenstein hatte nämlich beschlossen, an einem schönen Donnerstagabend um neun Uhr zu Bett zu gehen. Als sie schon eine Weile geschlafen hatte, kam Emil, die Burgmaus, auf die Idee, das Fräulein zu erschrecken. Aber erst mußte er einmal nachdenken, ohne Tom, den schwarzen Hauskater, der sich gut als Mausfangkatze verwenden ließ, aufzuwecken. Da kam Emil auf eine glänzende Idee. Er rannte aus seinem Schlupfloch im Schlafzimmer zum Himmelbett der Dame hinüber und kletterte an der langen Schnur, die bis zum Boden herunterhing, auf das Dach, das über das Bett gespannt war. Nach einer Weile ließ er sich etwas unvorsichtig auf das Bett fallen. Sofort trat Tom in Aktion und riß in seinem Eifer sogar sein Schlafkörbchen um. Die Dame schreckte auf, sah die Maus auf ihrem Bett und kreischte. Dann fiel sie in Ohnmacht. Eine wilde Mäusejagd begann. Das ganze Haus war auf den Beinen, vom Baby bis zum Urgroßvater, alle wollten die Maus fangen. Nach einer Jagd quer durch den Gemüsegarten und zurück gelang es Emil, sein schützendes Loch zu erreichen. Nun machten sich alle daran, die Dame aus ihrer Ohnmacht zu wecken. Es gelang ihnen erst nach zwei Stunden, aber dann war die Dame wieder quicklebendig.   (Gernot Fink)

Wie gefällt Euch der Aufsatz? Gut, was der Gernot aus den drei Wörtern gemacht hat! Warum er gerade ein Ritterfräulein sich ausgesucht hat, weiß ich nicht. Die heutigen Damen fürchten sich auch vor Mäusen, nur meine Mama nicht, sie hat Biologie studiert, und da fürchtet man sich hernach vor nichts mehr. Ich meine vor keiner toten oder lebendigen Maus und dergl.
Aber der Gernot ist aus Nürnberg, und da haben sie eine echte Burg, die ich schon selbst gesehen habe, nicht im Fernsehen als Reklame für eine Lebensversicherung, nein in Echt. Halt, das gibt wieder eine Geschichte, eine Erlebniserzählung.
Ich habe eine Idee: Man könnte die Geschichte aus der Stadt Nürnberg in ein Dorf verlegen, aus der Burg in einen Bauernhof. Aus dem Burgfräulein wird eine Bäuerin. Wer will diese Geschichte neu schreiben? Ich schenke Euch die Idee! (Etwas stimmt dabei nicht! Lösung Seite 83!)

So schrieb ich den Aufsatz in der Schule:

Verirrt!

Ich war mal mit zwei anderen Cowboys im Wilden Westen, und dort empfingen uns die Indianer nicht gerade freundlich. Sie schrien und schossen mit ihren Pfeilen und Gewehren. In der Prärie verirrten wir uns und standen plötzlich am Westufer des Arkansas. Wir waren verdutzt, denn neben uns stand (vorerst bemerkten wir sie gar nicht) eine – Farm. Der Farmer war ein netter Herr, der uns gastfreundlich aufnahm. Als wir fragten, in welchem Land wir wären, sagte er kurz: „In Kansas. Ich heiße Fenner. Die nächste Stadt ist 20 km weit entfernt." Dann aßen wir mit ihm zu Abend und unterhielten uns. Am nächsten Morgen gab uns Fenner vier Cowboys mit, die uns zur Stadt begleiten sollten. Auf dem Weg gesellten sich zwei Sheriffs zu uns. Als wir einen Tag in der Stadt gerastet hatten, ritten wir zur Küste Nordamerikas.

Als mein Daddy diesen Aufsatz las, war er entsetzt. Ich nicht. Mir gefiel er, damals. Aber heute, in der 4. Klasse, denke ich anders darüber.

Phantasieerzählung/3. Klasse

Meine heutige Meinung über diesen Aufsatz:

Seht Ihr, das kommt heraus, wenn man zu viel Karl May liest! Ich war so in den Wilden Westen vernarrt, daß ich an etwas anderes überhaupt nicht mehr denken konnte.
Ich bekam das Thema „Verirrt!", und schon lief die Karl-May-Platte ab: Cowboys – Indianer – Farmer – Arkansas! Die zwei Sheriffs müssen aus einer Fernsehsendung hineingeraten sein.
Ich habe meinem Daddy nie geglaubt, wenn er mir sagte, daß zu viel Karl-May-Lesen nicht gut für das Aufsatzschreiben sei.
Die wirren Gedanken schrieb ich nacheinander nieder, ohne auf einen Zusammenhang zu achten. Es mußte nur recht viel passieren. Dabei passierte eigentlich nichts.

Das habe ich jetzt verstanden:
Bei der Phantasieerzählung muß ich aufpassen, daß mir nicht mein Präriegaul durchgeht.
Auch das „Dichterroß" muß gezügelt werden. Irgendwo in Italien habe ich einen Pegasus aus Stein gesehen. Ganz schön wild dieses geflügelte Pferd!

Aus meinem Schulheft　　　　　　　**Phantasieerzählung/4. Klasse**

Ein Erlebnis im Weltraum

Einmal fuhr ich nach Cap Kennedy, um in Richtung Mars zu starten. Die Saturn-5-Rakete stand bereits vollaufgetankt auf der Abschußrampe. Stefan, mein Copilot, hatte schon die Anzüge hergerichtet. Wir schlüpften in dieselben und setzten die Helme auf. Rein in den Aufzug! Er brachte uns in die Kapsel, in die wir einstiegen. Start! Die Düsen zündeten. Unser Raumfahrzeug hob sich ab. Endlich waren wir auf Kurs. Die erste Stufe beförderte uns beide bis zum Mond. Die zweite Stufe wurde gezündet. Ich funkte nach Cap Kennedy: „Alle Maschinen volle Funktion stop zweite Stufe arbeitet einwandfrei stop Geschwindigkeit 280 000 km Ende." Plötzlich wurde unsere Kapsel von einem Meteoriten getroffen, aber er richtete keinen Schaden an. Endlich hatten wir den Mars unter uns. Aber etwas hinderte uns, die Umkreisung fortzusetzen. Uns kamen seltsame, spinnenartige, aber sehr große Wesen entgegen. Plötzlich tönte es aus meinem Mikrophon: „Hier Apollo-Kontrolle Houston! Melden Sie sich!" Ich erwiderte: „Sind über dem Mars stop von Meteoriten getroffen worden stop hat keinen Schaden angerichtet Ende." Jetzt wollten wir landen. Endlich setzte die Spinne, unser Landefahrzeug, auf. Wir stiegen aus, sammelten ein paar Steine und flogen wieder zum Raumschiff. Die Rückreise verlief ohne Störung. Wohlbehalten wasserten wir im Pazifik.

Na, was sagt Ihr? Ich bin direkt froh, daß ich Euch nach dem Murks-Aufsatz von Arkansas einen besseren aus dem Weltraum vorlegen kann. Selbstverständlich kann man an diesem Aufsatz auch noch manches verbessern, aber ich finde: „Es reicht! Besser ist nicht nötig. Wenn ich über jedes Thema und zu jeder Aufsatzart immer solche Aufsätze schreibe, bin ich mit mir zufrieden. Aber darauf allein kommt es halt nicht an, ob man mit sich zufrieden ist. Die Note ist schon auch wichtig. Deshalb:
Wenn einer meiner Leser den Aufsatz verbessern will, bitte, er hat meine Erlaubnis dazu. Bitte, bitte, nichts zu danken!

Nicht aus meinem Schulheft Phantasieerzählung/4. Klasse

Wenn Barry ein echter Hund wäre

Ich lag im Bett, mein Hund Barry neben mir.
Da sagte mein Vati zu mir: „Möchtest du nicht einen echten Hund?" – „Ja, das wäre schön. Dann könnte ich jeden Tag mit ihm spielen. Ich könnte jeden Tag mit ihm spazierengehen. Er würde mich verteidigen, wenn mich jemand angreifen sollte. Er würde durch sein Bellen fremde Leute vertreiben, auch fremde Hunde. Keine Katze würde sich mehr in unseren Garten wagen. Er läge vor meinem Bett und würde mich nachts bewachen." „Aber", sagte mein Vater, „du könntest ihn nicht mit ins Bett nehmen." – „Nein, das könnte ich nicht. Ich müßte ihn auch jeden Tag füttern und ihn bürsten. Sein Hundebett müßte jeden Tag gereinigt werden. Bei jedem Hundewetter müßte er Gassi geführt werden. Und dann wäre er patschnaß und dreckig, dürfte nicht ins Zimmer. Ich müßte ihn trocknen und abreiben. Mitten in der Nacht würde er vielleicht winseln und jaulen und mich wecken." – „Vielleicht würde er auch das herumliegende Spielzeug zusammenbeißen oder verschleppen?" meinte mein Vater, „vielleicht würde er dein Spielzeug im Garten vergraben wie einen alten Knochen, haha!" – „Du Vati, ich glaube, mein Barry ist mir lieber als ein lebendiger Hund. Mit meinem Barry kann ich machen, was ich will. Er bleibt dort liegen, wo ich ihn liegenlasse." – „Außer ich hebe ihn auf und lege ihn aufs Bett!" lachte mein Vater, und wir waren uns wieder einmal ganz einig in unseren Ansichten.

Wenn ich es recht bedenke, dann ist das gar keine richtige Phantasieerzählung, denn das habe ich echt erlebt. Mein Daddy und ich unterhielten uns so, wie ich das Gespräch aufgeschrieben habe. Als das Gespräch zu Ende war und ich schlafen sollte, sagte Daddy: „Das wäre doch ein schöner Aufsatz. Vielleicht magst du ihn morgen schreiben." – „Gern", versprach ich leichtsinnigerweise. Mein Daddy mußte mich dann mehrmals an mein Versprechen erinnern. „Gern!" hatte ich gesagt.

Nicht aus meinem Schulheft   Phantasieerzählung/4. Klasse

Der Düsenbob

Wir unterhielten uns über die Olympischen Winterspiele in Innsbruck 1976. „Das Bobfahren, das war toll!" meinte ich. „Diese Eisrinne! Und wie sie herunterrasten!" – „Ich glaube, schneller kann man nicht mehr fahren", sagte Daddy zu mir. „Warum nicht? Man müßte eine andere Bahn bauen, eine steilere. Vielleicht von der Zugspitze herunter!" – „Na, das wäre etwas zu hoch!" – „Ich werde dir einmal erklären, wie ich mir das denke, das Bobfahren in der Zukunft, sagen wir einmal im Jahre 2000. Da muß es doch noch einen Fortschritt geben. Also, bleiben wir bei der Zugspitze. Man baut eine riesige Bobbahn von der Zugspitze ins Tal. Wie heißt doch der Ort?" – „Eibsee!" half mein Vater nach. – „Doch die Geschwindigkeit würde zu groß. Das kann ja kein Mensch mehr aushalten. Deshalb müßte man eine Schanze auf halber Höhe einbauen. Die Bobfahrer müßten hinausfliegen wie die Skispringer. Und damit sie das Gleichgewicht nicht verlieren, müßten sie nach dem Absprung von der Schanze Gleitflügel ausspannen wie die Drachenflieger. Dann könnten sie zu Tal gleiten und sanft landen." – „Aber wie kommen die Bobfahrer mit ihren Schlitten wieder hinauf?" fragte mein Vater. – „Hm, das ist eine Schwierigkeit. Aber laß mich mal nachdenken. Mit Düsen selbstverständlich. Im Jahre 2000 sind Düsenfahrzeuge doch eine Selbstverständlichkeit. Ich hab' es. Das sind die neuen Düsenbobs der Olympischen Spiele 2000:
Bergfahrt mit Düsenantrieb, oder Anflug mit Düsen. Dann Abfahrt durch das Labyrinth, Sprung über die Schanze, Weitersegeln ins Tal. Selbstverständlich dürfen die Düsen bei der Talfahrt nicht eingeschaltet werden." – „Dann schlage ich vor, daß die Düsen eine einheitliche Stärke von 40 OS bekommen!" sagte mein Vater.
Den ganzen Tag grübelte ich, was wohl OS heißen könnte, PS kannte ich, aber OS? Schließlich fragte ich meinen Vater. Er aber lachte nur und sagte: „Was, das weißt du nicht: Wenn PS Pferdestärke heißt, dann bedeutet OS natürlich Ochsenstärke! Klar?" – „Klar!"

Ich glaube, das ist eine echte Phantasieerzählung: erdacht, aber in sich logisch entwickelt, glaubhaft, obwohl man weiß, daß der Düsenbob und diese Rennpiste nicht existieren.

Nicht aus meinem Schulheft　　　　　　Phantasieerzählung/4. Klasse

Mein Roboter

Ich besorgte mir leere Blechdosen, 1 Pfund Schrauben, 5 alte Tachometer, 1 alten Wecker, ein paar Druckknöpfe, 1 Ofenrohr und 2 Hebel. Daraus bastelte ich einen Roboter. Wie, das ist mein Fabrikationsgeheimnis.
Die erste Tat des Roboters war, daß er sich vom Boden erhob und einige Schritte probierte. Dabei machte er einen Riesenkrach, und ich merkte, daß ich das Ölen vergessen hatte. Deshalb holte ich schnell eine Dose Salatöl und goß ihm das Öl in die Eingeweide. Dann probierte ich die einzelnen Bedienungsknöpfe. Ich drückte auf den Startknopf, und wirklich: Er marschierte schnurstracks zur Tür hinaus. „Halt! Halt! Wo willst du denn hin?" – Ich hatte vergessen, daß ich keine Stimme eingebaut hatte, und kein Ohr. Also lief ich ihm nach und schaltete ihn aus. Dabei muß ich aus Versehen einen anderen Knopf erwischt haben, denn die Wirkung war fürchterlich. Der ganze schöne Roboter zerfiel in seine Bestandteile: in Blechdosen, Schrauben, Tachometer, Ofenrohr usw.
„Irgend etwas muß ich da falsch gemacht haben!" dachte ich bei mir. Und das denke ich immer noch. Könnt Ihr mir sagen, was ich falsch gemacht habe?

Wer glaubt, daß ich diese beiden Aufsätze allein fabriziert habe? Wenn es jemand bis jetzt geglaubt hat, dann danke ich für die gute Meinung. Aber diese Phantasiegeschichten haben wir gemeinsam ausgeheckt, mein Daddy und ich, abends vor dem Einschlafen. Und weil wir einen solchen Spaß an diesen Geschichten hatten, schrieben wir, wieder gemeinsam, die Geschichten auf, und dabei veränderten sich die Geschichten wieder, denn „der Phantasie sind keine Grenzen gesetzt", sagt Daddy. Vielleicht wird es einmal meinen Düsenbob geben. Schließlich hat Jules Verne auch manches in der Phantasie ausgeheckt, was heute Wirklichkeit geworden ist.
Aus unserem Spaß am Erfinden sind also zwei Aufsätze geworden, die Euch verlocken sollen, auch einmal eine „tolle Erfindung" aufzuschreiben, damit sie nicht vergessen wird.

Nicht aus meinem Schulheft Phantasieerzählung/4. Klasse

Beim Drachenwirt

Einmal kam ich in das Gasthaus „Drachenwirt". Als ich die Speisenkarte anschaute, bemerkte ich, daß mit genießbaren Speisen wohl nicht zu rechnen war. Da stand z. B. Knallfrosch gefüllt, Zündschnurspaghetti usw. Als der Wirt kam, bestellte ich eine Fliegenpilzsuppe nach Art des Hauses und eine Zeitungsente, gebraten. Als Getränk wollte ich ein Glas Heizöl dunkel vom Faß. Endlich brachte der Kellner die Suppe. Eine Farbe hatte die ...! Unbeschreiblich! Weil man aber alles einmal probieren muß, würgte ich den ersten Löffel hinunter. Zu einem zweiten kam ich nicht. Die Auswirkungen stellten sich augenblicklich ein, ich bekam Bauchschmerzen, mir wurde schwindlig. Da wachte ich auf. Tatsächlich hatte ich Bauchschmerzen. „Hab' ich wirklich die Fliegenpilzsuppe gegessen? Ach nein! Das Zwetschgenkompott! Es schmeckte so gut, viel besser als die Fliegenpilzsuppe, und doch bekam ich die gleichen Bauchschmerzen darauf."

Damit Ihr auch so einen „Traum" schreiben könnt, gebe ich Euch die Speisenkarte des *„Drachenwirts am Teufelsstein"* bekannt:

Speisen

Knallpilzsuppe à la Hotzenplotz
Granitbraten mit Knollenblättersalat
Kordon blöd
Geschnetzeltes Schneckenfleisch
Gegrillte Mückenkeule
Rasierapparat flambiert
Zeitungsente aufgewärmt
Fliegenschnitzel
Beleidigte Leberwurst
Fade Nockerln

Beilagen

Zementbrei
Gegrillte Bananenstecker
Knallerbsen gefüllt
Blaue Bohnen in roter Soße

Getränke

Natronlauge
Salpetersäure
Chloroformwein
Tetra
Kerosinschnaps
Glühwürmchenwein
Beißzangenbowle
Heizöl hell Export
Schmieröl dunkel vom Faß

Nachtisch

Asphalttorte mit Seifenschaum
Roßapfel im Schlafrock
Giftnudeln
Hundekuchen nach Art des Hauses
Schwarzpulver-Eis

Nicht aus meinem Schulheft   Fortsetzungsgeschichte/4. Klasse

Schreibe eine Fortsetzung zu folgendem Anfang einer Geschichte:

Das Telefon läutete. Meine Mama nahm den Hörer ab, meldete sich, sagte „Einen Augenblick bitte!" und rief nach mir: „Ein Gespräch für dich!"
Ich rannte an den Apparat und fragte in den Hörer hinein: „Wer ist dran?" Am anderen Ende der Leitung hörte ich die Stimme meines Freundes: „Ich bin's, der Stefan! Du Elmar, hast du Zeit? Dann komme ich zu Dir. Ich bin mit meiner Hausaufgabe schon fertig und du?" – „Ich bin auch fertig, aber nur mit der Hausaufgabe. Ich muß noch Klavier spielen." – „Dann komme ich um vier Uhr, wenn du fertig bist!" – „Ja, komm um vier Uhr! Aber pünktlich, sonst muß ich noch länger spielen." – „In Ordnung!" rief Stefan in das Telefon und hängte ein. „Um vier Uhr kommt der Stefan", sagte ich zu meiner Mama. „Ich habe es schon gehört", antwortete Mama, „dann sieh nur zu, daß du bis dahin mit dem Klavierspielen fertig bist!"
Jetzt habe ich doch glatt die Überschrift vergessen! Was schreiben wir darüber?
(Lösung Seite 83)

Fortsetzungsgeschichten sind meist Phantasieerzählungen.
In meinem Fall konnte ich ein eigenes Erlebnis erzählen.
Es kommt also darauf an, wie der Anfang der Geschichte ist.
Bei den meisten Fortsetzungsgeschichten muß man phantasieren, z. B. wenn die Geschichte so beginnt:
Der Kerl nahm den schweren Sack auf den Rücken und schlich davon. Aber einer hatte ihn gesehen...

Oder:

Auf dem Heimweg von der Schule fand ich einen Zettel. Mit Kinderschrift stand darauf: ...
(Schreibe bitte weiter!)

Oder:

Der Hubschrauber schwebte über unserem Garten, blieb in der Luft stehen, eine Strickleiter wurde ausgeworfen, jemand stieg herunter...

Bitte, bedient Euch! Ihr könnt Euch eines der Themen aussuchen! Ich leihe es Euch für eine halbe Stunde, damit Ihr einen Aufsatz darüber schreiben könnt!

Aus meinem Schulheft   Beschreibung/3. Klasse

Ein Herbstblatt

Mein Herbstblatt ist doppelt gesägt und etwas kleiner als mein Handteller. Es ist ein Ahornblatt und hellgrün. Auf der Rückseite treten die etwas rötlichen Adern hervor. Der Blattstiel ist dunkelrot.

Meine Lehrerin schrieb darunter „sehr gut".
Was für eine Note gebt ihr mir für diese Fassung?

Da noch Platz auf dieser Seite ist, drucke ich noch eine Beschreibung ab:

Mein Lineal

Mein Lineal ist aus Kunststoff, leicht und hart. Es ist dreißig Zentimeter lang, fünf Zentimeter breit und gleicht einem dünnen Quader. Auf der Vorderseite sind die Zentimeterzahlen. Seine Oberfläche ist glatt. Die Farbe ist grün.

Meine Lehrerin schrieb darunter: „Besser aufpassen!" Was meint Ihr dazu? Ich glaube, sie meinte meine schlechte Schrift!

Verbesserung:

Mein Herbstblatt ist etwas kleiner als mein Handteller. Es hat fünf größere Lappen. Sein Rand ist doppelt gesägt. Auf der Oberseite ist es hellgrün, und auf der Unterseite treten die etwas rötlichen Adern hervor. Der Blattstiel ist dunkelrot.
Es ist ein Ahornblatt.

Merkt Ihr, daß ich nur die Reihenfolge geändert habe:
Größe
Form
Farbe
Stiel
Als Ergebnis der Beschreibung: Ahornblatt

Auf diese Weise bestimmt man auch eine unbekannte Pflanze. Man schlägt in einem Bestimmungsbuch nach und sucht alle Merkmale, die man an der Pflanze beobachtet.

Beschreiben könnt Ihr alles, was Ihr seht!
Kennt Ihr das Spiel „Ich seh etwas, was du nicht siehst"?
Einer beschreibt einen Gegenstand, und der andere soll erraten, was für ein Gegenstand gemeint ist.

Aus meinem Schulheft

Wir bauten einen Kompaß

Die Kompaßnadel zeigt immer in die Nord-Süd-Richtung. Wir zogen in dieser Richtung einen Kreidestrich auf der Bank. Danach befestigten wir an der Mitte des Stabmagneten einen Wollfaden, und der Magnet pendelte sich in die Nord-Süd-Richtung ein.

Bericht über einen Versuch/ 3. Klasse

Verbesserung:

Unsere Lehrerin zeigte mit einem aufgehängten Magneten die Nord-Süd-Richtung an. Danach wurde auf jeder Bank ein Kreidestrich gezogen. Die Schüler jeder Bank bekamen dann einen Stabmagneten und einen Wollfaden. Wir befestigten den Wollfaden am Stabmagneten und sahen, daß sich der Magnet in die Nord-Süd-Richtung einpendelte. Damit haben wir durch eigenen Versuch herausgefunden, daß ein Magnet, wenn er frei beweglich ist, immer in die Nord-Süd-Richtung zeigt. Das ist die praktische Verwendung der Kompaßnadel.

Welcher Bericht gefällt Euch besser? Merkt Ihr, daß ich beim Text auf der linken Seite das Ergebnis des Versuchs schon am Anfang geschrieben habe? Der längere Text ist natürlich genauer, dafür ist er ja auch länger. Aber nicht jeder längere Text ist genauer, man kann auch kurz und genau sein. „In der Kürze liegt die Würze", sage ich mir immer (und man ist auch schneller fertig!).

Wißt Ihr, was am wichtigsten ist bei einem solchen Bericht? Ihr werdet es erraten – die Reihenfolge!
Wenn ich aber ein Rezept für diesen Versuch geben sollte, müßte ich so schreiben, d. h. den Versuch beschreiben:
Man nehme einen Wollfaden und einen Stabmagneten. Der Magnet wird am Wollfaden aufgehängt ...
(Ihr könnt selbst weiterschreiben, im Präsens selbstverständlich. Ich mag nicht mehr!
Eigentlich wollte ich sagen: Die Seite ist zu Ende, leider!)

Aus meinem Schulheft

Warum leuchtet die Glühbirne?

Im Sachkundeunterricht durften wir einen Versuch mit Strom machen.
Wir benützten dazu: 1 Batterie, 1 Glühbirne mit Fassung, 1 Schalter mit zwei Anschlußstellen. Wir befestigten mit 2 Polklemmen zwei von 3 Leitungsdrähten an den beiden Polen der Batterie. Wir montierten das eine Ende eines Leitungsdrahtes an einer Kontaktstelle der Glühbirne mit Fassung an. Der dritte Draht wurde an dem Schalter und an der anderen Kontaktstelle der Glühbirne angebracht. Den Stromkreis schlossen wir, indem wir das noch lose Ende des Batteriedrahtes an den Schalter montierten.
Die Glühbirne leuchtete.

Vergleiche damit folgenden Text:
Zu dem Versuch „Warum leuchtet die Glühbirne?" benötigen wir eine Batterie ...
Wir befestigen 2 von den 3 Leitungsdrähten ...
Dann klemmen wir ...
Der dritte Draht wird ... festgeschraubt

Bericht über einen Versuch/ 3. Klasse

Wie ist der Bericht aufgebaut?

Einleitungssatz

Versuchsgeräte

Durchführung des Versuchs

(Verbesserungen im Ausdruck:

Wir klemmten an ...

der Glühbirnenfassung ...

Wie wurde der Draht angebracht? – Angeschraubt?)

Ergebnis des Versuchs

Beschreibung eines Versuchs:
Eine Anweisung für diesen Versuch müßte in der Gegenwartsform (Präsens) geschrieben werden. Auch hier ist die Reihenfolge sehr wichtig, damit der Versuch nachgemacht werden kann.

Dein Bruder möchte den Versuch nachmachen. Beschreibe genau, wie er vorgehen muß, damit die Glühbirne wirklich aufleuchtet!

Aus meinem Schulheft

Über einen Schulfilm/3. Klasse

Bergwild in Wintersnot

Verbesserung:

Im Hochgebirge im Winter braucht das Bergwild immer zur gleichen Zeit die Äsung. Das wichtigste Futter im Winter ist das Heu. Neben dem Heu sind Kastanien und junge Bäume, die die Forstgehilfen abgeschlagen haben, das wichtigste Futter. Die Tiere sind im Winter zwar nicht so scheu wie im Sommer, aber trotzdem geht das Wild nicht an die Futterstelle, bevor die Menschen fort sind. Mit Skiern oder dem Hubschrauber bringt man das Futter auf die Berge. Wenn ein Reh in einen Bach fällt, ist es ohne Hilfe des Menschen verloren. Der Förster rettet es dann und bringt es in seinen Stall.

Im Winter braucht das Bergwild des Hochgebirges seine Äsung immer zur gleichen Tageszeit. Das wichtigste Futter ist das Heu. Auch Kastanien werden verfüttert. Die Forstgehilfen haben im Herbst junge Bäume gefällt, um den Wald zu lichten, und diese Bäumchen werden den Tieren hingeworfen. Die Rinde enthält wichtige Nahrungsstoffe. Das Wild ist im Winter zwar nicht so scheu wie im Sommer, geht aber erst an die Futterstelle, wenn die Menschen fort sind. Mit Skiern oder dem Hubschrauber bringt man das Futter auf die Berge. Im Film wird auch gezeigt, wie ein Reh, das in einen Bach gefallen ist, von einem Förster gerettet wird. Er bringt das Reh in seinen Stall.

Was sagt ihr zu dieser Beschreibung? Habt ihr im linken Text die Fehler gefunden? Vergleicht bitte mit der Verbesserung!
Wenn das Heu das wichtigste Futter ist, können die Kastanien nur ein wichtiges, aber nicht mehr das wichtigste Futter sein.
Bei meinem Text auf der linken Seite könnte man meinen, daß jedes Reh, das in einen Bach fällt, von einem Förster gerettet wird. Das geht schon deshalb nicht, weil ein Reh nicht um Hilfe rufen kann, und nicht jedesmal ein Förster in der Nähe wartet, bis ein Reh in den Bach fällt. In unserem Wäldern fehlen eben immer noch die „Notrufsäulen für das Wild".
Habt Ihr schon einmal eine Futterstelle im Wald gefunden? Wie sieht sie aus? Beschreibt sie!

Schulaufsatz

Ein Tier, das mir gefällt **Beschreibung eines Tieres**

Als ich einmal in der Stadtbücherei war, sah ich ein Buch über den Komodowaran und lieh es mir aus. Nachdem ich es gelesen hatte, gefiel mir der Komodowaran so gut, daß ich ihn beschreiben möchte.
Der Komodowaran ist eine große schwarze Echse, die durch eine ledrige Haut, die mit kleinen Knochenplättchen übersät ist, vor Feinden geschützt wird. Seine vier Beine stehen bis zum ersten Gelenk von seinem massigen Körper ab, der mit den Beinen und dem Schwanz 13,5 Kilogramm wiegt. Das Tier kann sich mit seinem mechanischen Schritt sehr flink fortbewegen. Er kann bis zu drei Meter lang werden. Der Komodowaran hat keinen Feind außer dem Menschen, der doch sehr selten auf die entlegenen Inseln von Komodo kommt.
Mit seinen großen Krallen und mit seinen sägeartig in einem großen Maul angeordneten Zähnen kann sich der Komodowaran sein Fressen verschaffen und sich auch zur Wehr setzen. Am liebsten frißt er Aas.
In seiner Höhle legt das Weibchen, wie alle Echsen, ein Nest voll Eier. Wenn die Eier von der Sonnenhitze ausgebrütet sind und die Jungen ausschlüpfen, kann es passieren, daß die alten Warane manchmal ihre Jungen fressen.
Wenn sich die Menschen noch weiter in die Jagdgebiete des Komodowarans ausbreiten, wird er sicher bald aussterben. (Gernot Fink)

Was sagt ihr zu diesem Miniaturdrachen? Also, ich möchte ihn nicht in meinem Zimmer haben.
Aber einen richtigen Drachen könnten wir beschreiben.
Thema: Wie sieht ein richtiger Drache aus?
Ich habe schon einen gesehen, der Rauch und Feuer spuckte, einen dicken Panzer hatte und nur an seiner mächtigen Zunge verwundbar war. Aber ich komme wieder ins Erzählen. Das wäre ein schöner Aufsatz! Wenn er schon fertig wäre. *Wo ich den Drachen gesehen habe?* (Lösung S. 83.)
Ich habe wieder eine Idee: Wir suchen in der Schulbücherei oder in der Stadtbibliothek nach einer Drachensage und schreiben uns auf, wie dort der Drache beschrieben ist. Diese Beschreibung ändern wir nach unserer eigenen Vorstellung. Dann können wir genau sagen, wie unser Drache aussieht.

Drachenbau im Werkunterricht — Bericht/Beschreibung

I.

Habt Ihr auch das Fach „Werken", in dem man lauter Bastelarbeiten machen darf, soll, muß?
Manche Sachen sind mir ja ganz gut gelungen, aber gelegentlich geht's auch daneben. Dann müßte das Fach „Herumwerkeln" heißen! Einmal durften wir einen Drachen bauen – aus Eierschachteln, Faden, Nadel, Kleber und viel grasgrüner Farbe. Zuerst klebten wir die Schachteln zu. Nur eine, die den Kopf bilden sollte, ließen wir offen. Jetzt bepinselten wir alles grün, mit Ausnahme des Rachens. Nach dem Malen waren wir Bastler fast ebenso grün wie unsere Untiere. Ich hatte mir einen grünen Schnurrbart, eine grüne Stirn und sogar grüne Ohrläppchen hingewischt, von den Fingern ganz zu schweigen, denn die sahen aus wie die Füße eines Laubfrosches. Die Farbe des Rachens durfte jeder selber wählen. Ich machte ihn blutrot. Damit der Drache sein Maul aufsperren kann, schnitten wir den Deckel einer Schachtel ab, steckten die beiden Teile auf einer Schmalseite ineinander und verklebten sie. Zum Schluß stachen wir in die Schmalseiten der Schachteln einen festen Faden. Der Drache war fertig.

II.

Im Fach „Werken" bekommen wir Anleitungen für verschiedene Bastelarbeiten, die wir dann ausführen. Einen Drachen kann man nach folgender Anleitung bauen.
Als Material benötigt man:
4 Eierschachteln, grüne und rote Farbe, Kleber, Faden, eine Nadel.
3 Eierschachteln werden zugeklebt. Von der 4. Schachtel schneidet man den Deckel weg, steckt die beiden Teile mit den Schmalseiten ineinander und verklebt sie. Das wird das Maul, das man blutrot anstreichen kann. Die übrigen Flächen der Eierschachteln werden grün angestrichen. Wenn man die beiden Rachenhälften mit 2 Holzstäbchen auseinanderspreizt, bleibt das Maul sicher offen. Mit der Nadel stechen wir durch die Schmalseiten der Schachteln und ziehen einen starken Faden durch, damit die Schachteln beisammenbleiben.
Dann ist der Drache fertig.

Bitte vergleicht die beiden Aufsätze!
Merkt Ihr den Unterschied? – Auf der linken Seite wird teils erzählt, teils berichtet (in der Vergangenheit).
Auf der rechten Seite wird eine Arbeitsanleitung gegeben, sachlich und in der Gegenwart.

Schulaufsatz

Trennen von Gemengen
(Wir berichten über einen Versuch)

Wir wollten herausfinden, ob man ein Gemenge aus Eisenpulver und Sand wieder trennen kann. Als Material brauchten wir: ein Sieb, einen Plastikteller, einen Magneten, ein bißchen Sand, Eisenpulver und zwei alte Handtücher.
Wir vermischten den Sand und das Eisenpulver auf dem Plastikteller. Gleich hatten wir das Gemenge fertiggestellt. Einer aus unserer Gruppe hielt den Magneten über das Gemenge, und der Magnet zog das Eisenpulver an. Der Sand aber blieb auf dem Teller zurück. Wir erkannten, daß sich ein Gemenge aus Sand und Eisenpulver durch Sortieren mit dem Magneten trennen läßt. (Gernot Fink)

Trennen von Gemengen
(Wir beschreiben einen Versuch)

Wir wollen herausfinden, ob man ein Gemenge aus Eisenpulver und Sand wieder trennen kann. Als Material brauchen wir: ein Sieb, einen Teller, einen Magneten, etwas Sand, etwas Eisenpulver.

Wir vermischen auf dem Teller den Sand mit dem Eisenpulver. Dadurch erhalten wir ein Gemenge. Wenn wir einen Magneten über das Gemenge halten, zieht der Magnet das Eisenpulver an, und der Sand bleibt auf dem Teller zurück.

Wir erkennen daraus, daß sich ein Gemenge aus Sand und Eisenpulver durch Sortieren mit einem Magneten trennen läßt.

Vergleicht einmal diese zwei Aufsätze! Wenn ihr erkennt, worin sie sich unterscheiden, dann habt ihr den schwierigen Unterschied zwischen einem **Bericht** und einer **Beschreibung** erkannt. Gratuliere, denn ich habe lange gebraucht, bis ich diesen Unterschied kapierte!

Rätsel: Wozu braucht man die zwei alten Handtücher? (Lösung Seite 83)

AUS MEINEM WANDERTAGEBUCH

Das klingt großartig, nicht wahr? Wandertagebuch! Ich hätte auch noch Reisetagebuch schreiben können. Ist aber nicht so großartig, wie es klingt! Ich schreibe nur manchmal, leider nur manchmal, unsere Erlebnisse von unterwegs auf. Aus diesen Notizen kann man dann Aufsätze schreiben zu den Themen, die man in der Schule gestellt bekommt. Ich will Euch eines von den seltenen Tagebuchblättern zeigen. Unter „Pfingstsonntag, 10. Juni 1973" steht:

Pfingstochse wurde Daddy!
Rundweg: 11 Uhr Grünbach – Hammerthal – Ferteln – Rappoldskirchen – Großhündelsbach – Grünbach
Sonnenschein – Regenschauer – Sonnenschein – Regenschauer
Unterwegs gesehen oder beobachtet:
Habichtskraut – Ackerhellerkraut – Kornblume – Wiesenflockenblume – Skabiose – Knäuelgras
Bussard beobachtet: im Aufwind sich tragen lassen – Sturzflug – Maus entwischt – aufgeblockt auf Zaunpfahl
Erlenblattkäfer beobachtet
Es regnet immer stärker.
Brotzeit auf der „Sommerbank"
Zweite Brotzeit wurde dem Daddy verweigert. Grund: Regen! Er sagt: Angeblicher Grund!
Ankunft 14 Uhr 30: naß!

Themen:
Welch schönes Thema! „Der Pfingstochse" (Lösung Seite 83).
Beschreibung einer Wanderung
Die Luftwaschanlage (Erlebniserzählung)
Wie erkennt man das Habichtskraut? (Beschreibung)
Kennt Ihr das Knödelgras? (Erlebniserzählung)
Pech gehabt! (Bussard)
Glück gehabt! (Maus) (Phantasieerzählung, Fabel)
Erlenblattkäfer macht Brotzeit auf Erlenblatt
Die Windjacken waren dicht, nur die Schuhe von Elmar nicht.
Tee mit verregneter Banane!
Nein, wir rasten nicht!
Eine Wanderung im Regen

Von einer Wanderung kann man so leicht ein Dutzend Aufsatzthemen mit nach Hause nehmen. Aber ohne solche Notizen vergißt man die meisten Erlebnisse.

Die Sandgrube

Wir wanderten. Nichts Aufregendes! Nur so in die Gegend! Eigentlich wollte ich daheim bleiben. „Dort ist eine Sandgrube!" rief Daddy, „die sehen wir uns an!" Aber es war nicht so einfach, denn auf unserer Seite hatte die Grube keine Zufahrt. Wir umgingen sie deshalb, kamen zur Zufahrtsstraße und zu einem großen Schild „Kiesentnahme verboten!" Damit das Schild auch beachtet wurde, war die Straße mit einer Schranke versperrt. Das kümmerte uns aber nicht, denn wir hatten heute zufällig keinen Lastwagen dabei zur „Kiesentnahme". Mama schlüpfte unten durch, Daddy stieg darüber, und ich umging die Schranke.
Dann standen wir vor der Wand aus Sand und sahen deutlich die Schichtung des Sandes, der an einigen Stellen heruntergerutscht war. Das war nichts Besonderes. Ich wollte ja daheim bleiben und Karl May lesen. Wir suchten ein bißchen nach interessanten Steinen, fanden aber nichts Besonderes.
„Was liegt denn da?" hörte ich Vati sagen. Er drehte mit seinem Stock etwas um. Es war, man kann es kaum glauben, ein altes – Englischbuch. „Wie das wohl hierherkommt? – Wem das wohl einmal gehört hat? Wer hat daraus einmal

Erlebniserzählung

Meine Bemerkungen zu diesem Aufsatz:
1. Ich habe das wirklich erlebt, und zwar am Sonntag, dem 9. Mai 1976, vormittags gegen 10 Uhr.
2. Es war genau eine Woche vor dem Termin, den mir der Verlag gestellt hatte zur Ablieferung des Manuskripts meiner „Schulaufsätze". In dem Vertrag steht wörtlich:
„Der Bearbeiter ist verpflichtet, bis zum 15. 5. 1976 ein maschinengeschriebenes, druckreifes Manuskript an den Verlag zu liefern und für sich selbst eine Kopie sicher aufzubewahren..."
Warum ich Euch das mitteile? Damit ihr seht, unter welchem Druck ich war. Ich war nämlich noch nicht fertig mit meinen Erlebniserzählungen. Ich hatte keinen Stoff mehr. „Eine gewöhnliche Sandgrube!" Was soll die mir für Erlebnisse liefern? Seht Ihr, das war meine Täuschung. Ich meinte, daß nur bedeutende Erlebnisse es wert sind, aufgeschrieben zu werden. Und Euch geht es genau so! Da stöhnt Ihr, daß Ihr noch keine Erlebnisse hattet und meint damit Flugzeugabsturz und Schiffsuntergang. Aber, Freunde, ich habe bemerkt, daß es überall Erlebnisse gibt, sogar in einer Sandgrube, in der nicht einmal eine Kreuzotter zu finden war, nur ein altes Buch.
Es muß nicht immer ein großartiges oder gefährliches Erlebnis sein. Die kleinen Erlebnisse auf der Straße zur Schule, in einem Geschäft oder in einer Sandgrube sind es, die in unserem Leben eine Rolle spielen.
Freilich, man könnte in der Sandgrube eine Höhle graben, hineinschlüpfen,

Die Sandgrube (Forts.)

gelernt?" An einer anderen Stelle fanden wir auch noch den Einband. Es war kein Schulstempel auf der Innenseite, auch kein Familienname, nicht einmal ein Vorname. Nur der Name des Verlags war noch zu lesen: Diesterweg!
„Schicksal eines Buches", meinte mein Vater.
Dann verließen wir wieder die Sandgrube. Nichts Besonderes?

Erlebniserzählung

verschüttet werden, gerettet werden oder auch vielleicht tot geborgen werden. Das wäre wohl aufregend genug! Denkt nicht immer an Mord und Totschlag, an Katastrophe und Heldentat, wenn Ihr das Wort „Erlebnis" hört!
Nicht das alte Buch übersehen, das in der Sandgrube liegt. An den Bauern denken, der achtlos darüberfährt, an den Verfasser, der es einmal geschrieben hat, an den Drucker, der es einmal gedruckt hat, und an den Leser, der einmal daraus gelernt hat!
Wenn Ihr das recht bedenkt, werdet Ihr nie mehr Mangel an Erlebnissen haben für Euere Schulaufsätze.

Fischräuber

Unser Wirt in einem Eifelstädtchen brauchte für das Mittagessen einige Forellen. „Fahren Sie mit zu meinen Fischteichen?" lud er uns ein.
In einem abgelegenen Tal liegen die drei großen Fischweiher. Als Herr Hofer das Gatter öffnete, liefen uns in großen Sprüngen einige Schafe und Ziegen entgegen. Plötzlich schaute das freundliche Gesicht unseres Wirtes gar nicht mehr freundlich. Finster deutete er auf einige weiße Flecken im Gras. „Weißt du, was das ist?" – „Nein,

Erlebniserzählung

Herr Hofer!" – „Fischreiher!" sagte er. „Die holen mir die größten Forellen. Auch die Milane sind arge Fischräuber! – Die Milane stürzen sich auf die Wasseroberfläche. Damit sie nicht zu tief eintauchen, breiten sie ihre großen Flügel aus." Ich merkte, daß ich jetzt nichts zugunsten der Fischräuber sagen durfte. Der Wirt war auf sie böse.
Wortlos ging er weiter, drehte sich plötzlich wieder nach mir um und sagte: „Ich darf sie nicht abschießen, sie stehen unter Naturschutz."

Aus meinem Wandertagebuch						Erlebniserzählung

Der moderne Kuhstall						Aufbau:

Wir wanderten. Aus dem Wald kamen wir auf einen ausgefahrenen Feldweg und sahen bald einen Bauernhof vor uns.					Einleitung

An einem neugebauten Stall vorbei führte uns der Weg schnurstracks an den Rand einer Jauchegrube. „Wohin jetzt? Hier geht es nicht mehr weiter. Sollen wir umkehren?" Ein junger Bauer stand in der Nähe und lachte, weil wir nicht mehr weiterkamen. Sehr vorsichtig gingen wir um die stinkende Brühe herum, der Boden war sehr glitschig. Daddy kam mit dem Bauern ins Gespräch und fragte ihn: „Können wir nicht Ihren modernen Kuhstall anschauen?" Dann standen wir im Stall, und der Bauer erklärte uns: „Das ist ein moderner Stall mit Rost. Da wird alles, was die Kühe fallen lassen, von selbst weggespült. Keine Arbeit mehr mit dem Mist. Das ist der Vorteil. Und man kann auch mehr Kühe halten auf kleinem Raum." Dann zeigte er mir noch, wie er mit einem Hebelgriff verhindert, daß die Kühe die Köpfe zurückziehen. „Praktisch!" sagte ich anerkennend. Und er lachte. Nachdem wir uns verabschiedet hatten, wanderten wir weiter.

Hauptteil

Ausführliche Darstellung des Höhepunktes

Meine Mutter meinte unterwegs: „Wir müssen noch lange wandern, bis wir den Stallgeruch aus den Kleidern haben." – Aber abends rochen wir immer noch ein wenig nach – Kuhstall.

Schluß

Ihr seht, die Erlebnisse liegen neben der Straße! Wenn Ihr einmal darauf achtet, dann werdet Ihr an jedem Tag mehrere Erlebnisse haben, die sich für einen Aufsatz eignen.
Hier seht Ihr den Aufbau einer Erlebniserzählung:
Einleitung – Hauptteil (mit Darstellung des sogenannten Höhepunkts, auch wenn der Höhepunkt ein Kuhstall ist) – Schluß.

Aus meinem Wandertagebuch

Erlebniserzählung
Beschreibung

Leben in der Pfütze

Auf einem Waldspaziergang entdeckten wir eine große Wasserpfütze, die sich an einer ausgefahrenen Stelle gebildet hatte.
Mama turnte am Rand vorbei, um nicht schmutzige Schuhe zu bekommen. Ich aber blieb stehen und rief: „Mama, da läuft etwas auf dem Wasser!" Jetzt wurde auch meine Mutter aufmerksam und sagte: „Das ist ein Wasserläufer! Schau ihn nur an, wie er mit seinen Luftkissen an den Beinen über das Wasser läuft." – „Da! Da! Ein Käfer, der unter der Wasseroberfläche schwimmt! Jetzt kommt er an die Oberfläche." – „Er atmet. Entweder ist es ein Gelbrandkäfer oder ein Kolbenwasserkäfer. Ich sehe ihn nicht genau, aber jetzt schwimmt er zu uns her. Ja, es ist ein Gelbrandkäfer, ein arger Räuber im Wasser." – „Wie der hier in die Pfütze geraten ist?" wunderte sich Daddy, „die Pfütze trocknet doch wieder aus. Wohin geht er dann?"
Jetzt habe ich zum ersten Mal einen Gelbrandkäfer gesehen. Daheim werde ich einmal über diesen Burschen etwas nachlesen. Der interessiert mich.

Erinnert Ihr Euch? Ich habe als Schluß geschrieben, daß ich daheim nachschlagen werde. Ich habe es getan und kann Euch deshalb eine **Beschreibung des Gelbrandkäfers** liefern:
Der Gelbrand, ein gefräßiger Räuber in Tümpeln und Teichen, ist ein Schwimmjäger. Sein Körper ist abgeflacht, kahnförmig und hat Stromlinienform. Die Beine sind durch Borsten zu Rudern verbreitert. Zum Atmen stößt er von Zeit zu Zeit mit der Spitze des Hinterleibs gegen die Wasseroberfläche. In den Atemvorratsraum zwischen Flügeldecken und Hinterkörper tritt Luft ein. Dieses luftatmende Wasserinsekt kann fliegen.

Das war schwierig! Ich habe nämlich nicht einfach aus dem Naturkundebuch abgeschrieben, sondern das Wichtigste herausgefischt, damit der Platz reicht.
Und ich habe durch das Nachschlagen noch etwas erreicht. – Eine Antwort auf die Frage, wie der Käfer in den Tümpel kam.
Wenn man etwas nicht weiß, muß man nachschlagen. Wo? – In einem Lexikon.

Kaulquappen!

Eines Tages gingen wir an einem leuchtend gelben Rapsfeld entlang und freuten uns über den schönen Tag.
Unverhofft stießen wir auf eine ziemlich große Wasserpfütze, die vom letzten Regen stehen geblieben war. Ich nahm sofort einen Stock und rührte um. „Laß das! Da findest du nichts!" meinte Daddy. „Fall' nicht in die Dreckbrühe!" mahnte Mama. „Was schwimmt denn da?" rief ich aufgeregt, „da schwimmt so viel herum!" – „Was wird da schon herumschwimmen?" – „Aber so etwas! Schau nur! Das sind ja Kaulquappen!" rief Mama erstaunt. „Die möchte ich mitnehmen! Ich möchte beobachten, wie daraus Frösche werden." – Daddy ging bereits mit langen Schritten zum Auto. Ob er ein Glas dabei hat? fragte ich mich. Er kam zurück und hatte eine Plastiktüte. Gemeinsam fingen wir einige Kaulquappen. „Du mußt schneller fahren", sagte ich unterwegs, „deine Plastiktüte läßt das Wasser durch." Aber wir brachten die Kaulquappen samt Wasser in einen Eimer, füllten Wasser nach, und jeden Tag sah ich nach, ob schon die Beine zu wachsen begannen. Da war eines Tages der Eimer weg. „Das alte Wasser", sagte Opa, „das habe ich weggeschüttet, es stand lange genug da herum."

Erlebniserzählung

Die vorige Erzählung vom Leben in einer Pfütze hat mir dieses kleine Erlebnis wieder in Erinnerung gebracht. Ich hatte es vergessen.
Ihr sollt sehen, daß man immer solche Beobachtungen machen kann und dann Erlebnisse hat, die man in einem Aufsatz verwerten kann.
Ihr werdet jetzt sagen, daß noch nie ein Thema „Kaulquappen" gestellt wurde. Ich glaube es. Aber:

Bei der Erlebniserzählung wird doch meistens ein sogenanntes Rahmenthema gegeben, z. B.
Ein Erlebnis mit Tieren
Ein Erlebnis im Freien
Ein Erlebnis auf einer Wanderung
Ein Erlebnis am letzten Sonntag
Ein Erlebnis nach dem Regen
Eine Enttäuschung
Das war eine Überraschung!

Merkt Ihr: Zu jedem dieser Themen könntet Ihr die Erzählung über die Kaulquappen schreiben! Man kann sich also durchaus Vorräte anlegen, wie die Mama ihr Eingemachtes. Wenn man etwas braucht, sucht man das entsprechende Glas Eingemachtes!

Besuch in einem Museum

Einmal ging Mama mit mir in das Karl-May-Museum in Bamberg. Am Eingang stand ein Mann in indianischer Lederkleidung. Er begrüßte uns freundlich und sagte: „Bitte 1 Mark 50." Auf einer Eintrittskarte stand „Unkostenbeitrag für eine Rothaut 1,- Mark", auf der anderen „... für ein Bleichgesicht –,50 M."

Dann führte er uns in den Museumsraum. In einer Vitrine lagen der „Henrystutzen", der „Bärentöter" und die „Silberbüchse". Neben der Vitrine war eine Glaswand angebracht. Als wir hindurchschauten, sahen wir ein kleineres Zimmer mit alten Möbeln, Petroleumlampen und einem Schreibtisch. Der „indianische" Museumsführer erklärte uns: „Hier in diesem Zimmer sehen Sie eine Nachbildung von Karl Mays Schreibstube, sie ist aber mit den echten Möbeln ausgestattet." Nun wandten wir uns dem anderen Schaukasten zu. Davor waren zwei indianische Einbäume ausgestellt. An der Wand hingen einige Skalpe.

Neben indianischen Perlstickereien lag ein Kalumet (eine Friedenspfeife). In einem Winkel aber stand in vollem Federschmuck ein – Indianerhäuptling.

Jetzt kann ich mir alles, was Karl May geschrieben hat, besser vorstellen.

Erlebniserzählung

Meinem Daddy, der gar nicht dabei war, weil er in Bamberg anderes zu tun hatte, gefiel nur die Einleitung nicht. Er zeigte mir, wie man eine Einleitung „wirkungsvoller" schreibt:

Ein Mann in indianischer Lederkleidung begrüßte uns freundlich und verlangte eine Mark und 50. Dafür gab er uns zwei Eintrittskarten mit den Aufschriften „für eine Rothaut" und „für ein Bleichgesicht". Dann durften wir das Karl-May-Museum in Bamberg betreten.

Gleich am Eingang lagen in einer Vitrine...

Da ich wenig wörtliche Rede verwendete, sei der Aufsatz mehr ein Bericht über einen Museumsbesuch geworden, weniger eine Erzählung. Daddy meinte, daß wir uns doch gegenseitig auf besondere Ausstellungsgegenstände aufmerksam gemacht hätten.

Diese wörtliche Reden hätte ich schreiben sollen.

Der Indianerhäuptling war ja ein schöner Höhepunkt. Bei dem hätte ich etwas länger bleiben können.

„Hast du dir beim Anblick der Skalpe nichts gedacht? Hast du nicht gefragt: ‚Sind die echt?'"

Unterwegs   Erlebniserzählung

Auf der Altenburg

Das ist schon eine stark verbesserte Fassung meines Aufsatzes!

Wir waren in Bamberg. Am Abend wollten wir zu unserem Hotel. Mein Vater aber fuhr aus Versehen eine falsche Straße, wir sahen plötzlich den Wegweiser nach der Altenburg.
„Dann fahren wir eben zur Altenburg, wenn wir den Weg zum Hotel nicht finden", lachte ich. Meine Mama lächelte und blickte Daddy an. Er sagte nichts und fuhr weiter. Wir hatten von der Burg aus einen schönen Blick über Bamberg, gingen spazieren und entdeckten eine – Bärengrube. Ja, eine richtige Bärengrube, tief und aus Beton, mit einem Gitter oben und einem Wassertümpel unten. Da lag er, der Koloß! Ein Prachtexemplar von Braunbär! Obwohl wir begeistert nach unten sahen, er sah nicht herauf. Er würdigte uns keines Blickes. „Fauler Bursche!" brummte ich. „Satt!" sagte Daddy. „Müde!" meinte Mama. „Das erleben wir heute nicht mehr, daß der aufsteht!" – Als wenn der Bär darauf gewartet hätte, reckte er sich und schob seinen massigen Körper in die Höhe. Er blinzelte zu uns herauf, wartete einige Augenblicke unschlüssig und – warf sich wieder hin. „Er hält nichts von uns!" – „Dann gehen wir wieder! Vielleicht kommen wir morgen nochmals herauf, und er ist munter!"
„Wenn du wieder die falsche Richtung fährst, kommen wir vielleicht wieder herauf!" lächelte Mama. Aber wir kamen nicht mehr zur Altenburg.

Einleitung!
(Sie führt zum Thema.)

Hauptteil!

Ausführliche Darstellung des *Höhepunkts!* (Viele wörtliche Reden, die den Höhepunkt lebendig werden lassen. Der Leser kann miterleben. Viele Zeitwörter, die Tätigkeiten ausdrücken.)

Schluß!
(Er nimmt den Gedanken der Einleitung wieder auf.)

Der Bär

Erlebniserzählung

Als wir letzten Sommer in Kärnten waren, besichtigten wir auch die Burg Hochosterwitz. Dabei fiel mir ein, daß ich einmal von der Burg Landskron gelesen hatte, die doch in der Nähe sein mußte.
„Stell' dir vor, Daddy, auf dieser Burg muß ein ausgestopfter Bär sein. – Den möchte ich sehen." – „Wo ist denn diese Burg Landskron?" fragte Daddy zweifelnd. Wir suchten auf der Landkarte. „Sie muß bei Villach sein", meinte ich. Nachdem wir den Weg erkundet hatten, fuhren wir los, und bald stiegen wir den Burgberg hinauf. Die Burg bestand aus einer Ruine, in die man eine Gaststätte hineingebaut hat.
Wir suchten zuerst die Ruine ab, – kein Bär! „Du mußt dich irren", sagte Daddy. Doch ich blieb bei meiner Meinung. „Dann suchen wir eben in der Gaststätte!" – Wir gingen durch alle Räume und fanden keinen Bären. „Nichts da! Das muß eine andere Burg Landskron sein! Hier ist kein Bär!" brummte Daddy. „In meinem Tierkalender stand Landskron bei Villach." – „Dann stimmt die Angabe mit dem Bären nicht!" – „Das schrieb aber Professor Grzimek, und er lügt doch nicht!" – „Dann suchen wir weiter!" – Wir gingen weiter und – da stand mein Bär. Aufgerichtet, mit erhobenen Pranken und aufgerissenem Rachen stand er dicht vor uns. „Weißt du, wie dieser Bär hierher kam?" fragte Daddy. „Er wurde hier in der Gegend geschossen, im vorigen Jahrhundert, das Jahr weiß ich nicht mehr", sagte ich und setzte hinzu: „Du mußt zugeben, daß ich . . ." – „Ja, du hast recht gehabt. Das muß ich zugeben. Es ist gut, daß du bei deiner Meinung geblieben bist." Stolz antwortete ich: „Ich wußte es ja!"
Nachdem ich mir zum Andenken noch ein Foto des Bären gekauft hatte, fuhren wir weiter. War ich stolz – den ganzen Tag!

Ihr werdet bemerkt haben, daß die ganze Erzählung fast nur aus Gesprächen besteht. Das macht sie lebendig!
Man hätte aber auch darüber schreiben können: „Wie ich einmal recht behielt". Und solche Themen werden häufig gestellt. Daß mir aber keiner meinen Aufsatz abschreibt! Wie hätte man den Aufsatz noch spannender schreiben können? Den Trick verrate ich auf Seite 83.

Unterwegs   Erlebniserzählung

Der fliegende Osterhase

Wir waren in Florenz. Am Ostersonntag! Und weil das gewohnte Ostereiersuchen ausgefallen war, kaufte mir Daddy einen schönen roten Osterhasen. Er wurde von allen sehr bewundert, als ich ihn zum Bus brachte.
Ganz friedlich fuhr er mit – bis Bologna. Da sagte mein Daddy zu mir: „Willst du den Hasen nicht freilassen? Er fühlt sich im Bus gar nicht wohl..." Ich war gleich einverstanden, denn im Bus war er doch manchmal recht lästig gewesen. Auf dem großen Platz vor dem Dom ließ ich ihn frei, und er lief nicht davon, wie ihr vielleicht meint. Nein, er flog davon! Ein Osterhase, der fliegen konnte! Zuerst schwebte er in einigen Metern Höhe über den Platz, und die italienischen Buben liefen ihm nach. Dann aber riß ihn eine Windbö in die Höhe, er stieg und stieg, trieb über die Dächer und Fernsehantennen, immer höher und höher. „Da fliegen 500 Lire!" sagte ich. Lange konnten wir ihn sehen. Als wir ihn nicht mehr sahen, sagte ich: „Vielleicht fliegt er voraus nach München!" Aber als wir zum Bus kamen, riefen die Leute: „Ist dir dein Ballon davongeflogen? Ach, wie schade!" – „Nicht davongeflogen! Ich habe ihn fliegen lassen!" – „Das verstehe ich nicht", sagte ein alter Herr zu mir, „einen so schönen Osterhasen fliegen zu lassen." – „Nicht jeder Osterhase kann fliegen!" antwortete ich.

Ist das eine schöne Geschichte oder nicht? Also, mir gefällt sie!
Aber es genügt nicht, daß das Erlebnis schön war, man muß versuchen, es so schön zu erzählen, wie es wirklich war. Ich habe es versucht, immer wieder versucht. Zuerst schrieb ich bloß: „Er flog davon."
Aber in der jetzigen Fassung könnt Ihr ihn verfolgen mit den Augen, wie ich ihn verfolgt habe. In der Erlebniserzählung soll doch auch eine gewisse Spannung entstehen. Ich versuchte, sie zu erzeugen, indem ich das Wort „Ballon" möglichst spät brachte. Vielleicht habe ich aber in der Überschrift zu viel verraten. Was meint Ihr?

Unterwegs

Erlebniserzählung

Rasierapparat als Schmorbraten

Wir waren in Prato. Daddy wollte sich rasieren und steckte den Stecker des Rasierapparates in die Steckdose. Er hatte den Apparat schon lange auf 110 Volt umgestellt, auf die in Italien übliche Stromstärke. Zuerst ging alles glatt. Plötzlich kam Daddy aus dem Bad herausgelaufen. In der rechten Hand trug er den Rasierapparat. Ein brenzliger Geruch erfüllte die Luft. Mama fragte: „Was ist denn los?" Daddy erwiderte: „Mit dem Rasierapparat ist etwas nicht in Ordnung, denn kurz nachdem ich ihn eingeschaltet hatte, wurde er sehr heiß." Mama sagte: „Da ist etwas verschmort, sonst hätte er nicht gerochen." – „Kann sein", brummte Daddy. Jetzt schaltete ich mich ein: „Der Rasierapparat ist sicher kaputt, denn wenn an ihm etwas verschmort ist, kann er nicht mehr gehen. Stimmt's oder habe ich recht?"

Ich muß zugeben, daß ich diesen Aufsatz mit etwas Schadenfreude geschrieben habe. Schon die Überschrift zeigt das. Aber Daddy meinte, der Aufsatz könnte besser sein.

Meine Fortsetzung, denn der „Schmorbraten" gefällt mir so:

Mit starkem Bart kam Daddy aus Italien zurück. Ich erzählte dem Opa sofort die Geschichte von dem „verschmorten Rasierapparat". „Opa, der Daddy hat seinen Rasierapparat angeschmort. Er konnte sich nicht mehr rasieren." – „Hast sicher bei falscher Spannung den Apparat benützt?" fragte Opa. – „Ach", sagte Daddy ärgerlich, „immer habe ich auf die Spannung geachtet. Eigentlich ist der Elmar schuld oder die Mama, die beiden haben mich abgelenkt. Deshalb habe ich einmal nicht auf die Spannung geachtet, und schon war es passiert." – „Ha!" schrie ich, „jetzt wäre am Schluß noch ich schuld." Als ich sah, daß sich Opa und Daddy lächelnd zublinzelten, merkte ich, daß sie mich auf den Arm nehmen wollten. Deshalb fragte ich recht scheinheilig: „Daddy, was wird denn dein Schmorbraten kosten?" –

„Hör jetzt endlich auf!" sagte er etwas ungnädig. Und wieder lachend setzte er hinzu: „Du bezahlst doch die Reparatur? weil du schuld bist!" –

In meinem Wandertagebuch fand ich folgenden Eintrag: Erlebniserzählung

Am Höllensteinsee

Es war heiß! Hohe Felsen, schönes Echo, viel Wald und müde Füße. 5 Stunden Marsch! Urwald – falsche Markierung: rote Farbe auf Pfählen und Steinen! Ein Seil fehlte!
Darüber schrieb ich jetzt, zwei Jahre später, eine Erlebniserzählung.

Weil die Sonne so schön schien, faßten wir den Entschluß, um den Höllensteinsee herumzuwandern. Am Anfang war der Weg eine breite Sandstraße, aber je weiter wir gingen, desto schmäler und schlechter wurde der Weg. Dann gab es nur noch Wildnis. „Kehren wir um?" fragte Daddy. „Aber da ist doch eine Markierung!" – „Also weiter!" entschied Daddy. Es wurde jedoch immer wilder und gefährlicher. Manchmal war das Seeufer nur einen Meter entfernt. Plötzlich endete der „Weg". Direkt vor uns war ein großer Felsen. Mama sagte: „An dem müssen wir vorbei." Daddy sagte darauf: „Ich will sehen, ob es überhaupt einen Weg hinauf oder vorbei gibt. Wartet!" Nach einiger Zeit kam er wieder und gab Auskunft: „Weg gibt es überhaupt keinen. Wir müssen über den Felsen!" Mit diesen Worten faßte Daddy mich an der Hand, und wir kletterten vorsichtig hoch. Mir wurde fast schwindlig, als ich in die Tiefe schaute, weil der Felsen senkrecht zum See abfiel. Auch oben führte kein Weg weiter. Sollten wir besser umkehren? Nein, dazu waren wir schon zu weit gegangen. Also weiter vorwärts! Irgendwo müssen wir ja schließlich an das Ende dieses Sees kommen. Fast fünf Stunden wanderten wir schon, wir waren müde und hungrig, denn wir hatten uns für diesen „Spaziergang" keine Brotzeit mitgenommen. Plötzlich rief Mama: „Da vorne ist ein Haus!" Wir sahen es jetzt auch. „Gott sei Dank!" dachte ich, „endlich kommen wir aus dieser Wildnis heraus."
Schon eine Viertelstunde später saßen wir bei einem kräftigen Essen und ließen es uns schmecken. Da erfuhren wir auch, daß die roten Marken keine Wegmarkierung gewesen waren, sondern das Seegebiet kennzeichneten. Aber alle Mühe war vergessen, und jetzt waren wir recht stolz auf unser Abenteuer.

Daheim!

Mein Eigenheim

Jawohl, ich bin Hausbesitzer! Ich habe meine eigenen vier Wände und ein Dach überm Kopf. Freilich, wenn es regnet, tropft es mir auf den Kopf, das Dach ist etwas undicht, aber das soll bei größeren Häusern auch vorkommen. Fenster? Es kommt darauf an, was ihr unter Fenster versteht. Eine Fensteröffnung habe ich, ohne Glas. Überflüssiger Luxus! Eine Tür? Es kommt darauf an, was ihr unter Tür versteht. Eine Türöffnung habe ich in meinem Haus. Eine gutschließende Tür? Nein, die habe ich nicht. Aber einen sehr dichten Vorhang habe ich, aus einer alten Gummiliege, wasserdicht, jedoch nicht mehr luftdicht. Einen Tisch habe ich aber, einen Stuhl auch. Bett? Nein! Wozu denn? Nachts schlafe ich doch im Nebenhaus, bei meinen Eltern. Hier ist das Dach dicht, wenigstens bis jetzt. Heizung? Brauche ich nicht! Es ist mein Sommerhaus, im Grünen gelegen, zwischen Birken. Deshalb heißt mein Haus „Birkenstube". Im nächsten Jahr soll es sogar elektrisches Licht bekommen. Kein Streichholz! Wegen der Feuergefahr. Es soll doch nicht abbrennen. Ich bin in keiner Feuerversicherung.

Kein Schulaufsatz!
Kein Hausaufsatz:
Überhaupt kein Aufsatz!
Was ist es dann?
Ich weiß nicht, wie man so etwas nennt.
Ich wollte Euch nur meine Bretterbude vorstellen.
Habe ich sie gut beschrieben?
Aber das ist kein Aufsatz!
Diese vielen Wiederholungen!
Sind doch verboten im Aufsatz!
Wortwiederholungen, Satzwiederholungen, inhaltliche Wiederholungen vermeiden!
Ich kann mir eine langweiligere Beschreibung vorstellen.
Merkt Ihr, wie ich die sogenannten „Übergänge" bewältigt habe?
Hausbesitzer
vier Wände
Dach überm Kopf
undichtes Dach
Fenster?
Tür?
Tisch
Stuhl
Bett?
Heizung?
Licht?
Das ist die Reihenfolge, die Gliederung!
Einleitung: Hausbesitzer
Schluß: Feuerversicherung
(für Hausbesitzer)
Beschreibt doch einmal Euer Zimmer! Oder Euer Versteck! Oder Euer Baumhaus!

Die Waldkapelle

Auf einer unserer Sonntagswanderungen stießen wir einmal auf ein kleines weißes Gebäude. „Eine Kapelle!" rief ich erstaunt. „Im Wald!" Eilig gingen wir über die Lichtung auf die Kapelle zu. Sie war offen, und wir gingen hinein. Eine Mutter-Gottes-Statue und ein paar Kniebänke waren das ganze Inventar. Ärmlich! Ohne Pflege! Aus der Inschrift war zu ersehen, daß ein Ehepaar die Kapelle vor über hundert Jahren hat errichten lassen. Wir machten uns gegenseitig auf alles aufmerksam. „Schau, hier ist ein Bild vom Hl. Konrad!" – „Der Opferstock ist erbrochen." „Da steht eine alte Krücke in der Ecke. Was sie wohl zu bedeuten hat?" – Wir gingen wieder ins Freie. „Die Dachrinnen sind völlig durchgerostet. Anscheinend kümmert sich niemand mehr um die Kapelle. Das Wasser dringt in die Mauer." – „Was wohl das Eisenrohr bedeutet, das hier aus der Erde ragt?" – „Vielleicht ein früherer Brunnen?" Recht nachdenklich gingen wir weiter.

Die Waldkapelle

Sie steht auf einer Lichtung im Wald, die kleine Kapelle, und sie sieht nicht so aus, als würde sie oft besucht.
Über der offenen Tür ist eine Inschrift „Dise Kabele haben Errichten laßen Michael und Anastasia Beuger Wollinger in Oberhofkirchen 1844". Auf dem Altar ist eine Mutter-Gottes-Statue, sitzend mit Kind, darunter eine silberne Mondsichel. Davor stehen in zwei Reihen drei Kniebänke für je zwei Personen, für 12 Beter also. Die Fensterscheiben sind alt, nicht etwa erneuert. Man sieht ihnen das Alter an, und auf eine der kleinen Fensterscheiben hat sich der Mann verewigt, der wohl die Scheiben eingesetzt hat. Mit dem Glaserdiamanten schrieb er in zierlicher Schrift: „Joseph Weichenwallner, Glasergeselle in Dorfen, gebürtig aus Dingolfing 1844".
Außen sieht die Kapelle etwas vernachlässigt aus. Die Dachrinnen sind durchgerostet und lassen das Regenwasser in die Mauern sickern.

Ohne mein Wandertagebuch hätte ich diese Aufsätze nicht schreiben können. Auf einem der Tagebuchblätter standen alle die Beobachtungen, die ich hier aufschrieb. Ohne die Notizen hätte ich z. B. den Text der Inschrift nicht mehr gewußt.

Zwei kleine Aufsätze stehen da nebeneinander. Vergleicht sie einmal, dann werdet Ihr erkennen, daß ich auf der linken Seite eine Erlebniserzählung geschrieben habe und auf der rechten Seite eine Beschreibung der Kapelle versuchte.
Ich habe sie beschrieben, wie ich sie vor mir sehe: in der Gegenwartsform (Präsens).
Ich habe von unserem Besuch bei der Kapelle erzählt, wie ich ihn erlebte: in der Vergangenheitsform (Präteritum).
Noch etwas kann ich über die Kapelle schreiben, aber da brauche ich meine Phantasie dazu.

Das Versprechen

Anastasia Beuger, die Wollingerbäuerin in Oberhofkirchen, hatte großen Kummer. Ihr einziger Sohn Konrad war schwer krank, und keine Mittel und Tees wollten helfen. Da betete sie zum Hl. Konrad, dem Schutzpatron ihres Sohnes, und betete zur Mutter Gottes, der Schutzpatronin aller Mütter. Zu ihrem Mann, dem Michael, sagte sie jeden Tag: „Gell, wenn unser Konrad wieder gesund wird, dann baust der Mutter Gottes eine Kapelle!" Der Bauer brummte dann immer, aber das Brummen wurde nicht als Ablehnung aufgefaßt. Es war halt so ein Verlegenheitsbrummer. Und der Konrad wurde wieder gesund.
Die Bäuerin war überglücklich, und jeden Tag fragte sie den Bauern: „Wann baust denn die Kapelle?" – „Wohin soll ich denn eine Kapelle bauen?" fragte er. Aber die Anastasia wußte gleich eine Antwort: „Droben in unserm Wald, da wüßt ich ein schönes Platzerl." Und dort steht sie jetzt, die Waldkapelle.

Ihr versteht mich schon, das ist nicht die Geschichte der Kapelle, sondern eine Phantasieerzählung von mir, vielleicht eine Legende?

Da ließe sich ja noch eine Erzählung erfinden über die einsame Krücke in der Kapelle. Wem hat sie wohl gehört? Einem, der sie brauchte, zum Gehen. Warum steht sie dann jetzt in einer Ecke der Kapelle? Ging etwa der Kranke bis zur Kapelle und brauchte sie auf dem Heimweg nicht mehr? Seht, so entsteht eine Phantasieerzählung, die vielleicht sogar ein bißchen wahr ist!

Unterwegs   Erlebniserzählung

Im Solnhofer Steinbruch

In den Sommerferien 1975 waren wir in Solnhofen, um Fossilien zu suchen. Ich dachte, daß dort die Riesensaurier nur so im Stein „herumlägen". Nachdem wir schon einige Zeit gesucht hatten, fragte ein Arbeiter Mama: „Was suchen Sie denn?" Mama antwortete: „Wir suchen Fossilien." Dann fragte er mich: „Magst du ein Fischlein?" Ich antwortete: „Natürlich!" Als ich dem Arbeiter dieses Antwort gegeben hatte, sagte er: „Komm einmal her!" Ich ging zu ihm hin. Er gab mir eines, und kaum wollte ich gehen, da winkte mir ein anderer Arbeiter. Dieser fragte mich: „Ich hab auch so etwas. Willst du vielleicht noch einen?" Ich antwortete: „Gerne!" Auf diese Art und Weise brachte ich vier oder fünf Fischlein zusammen. Ich selbst fand natürlich auch ein paar. Am Nachmittag fand Mama – sozusagen als Krönung ihrer Leistung – eine etwa 30 Zentimeter lange Fischhälfte! Diese Fischhälfte war das letzte, was wir fanden. Trotzdem kamen wir mit etwa 10 Kilogramm Fossilien in unser Hotel.

Da mein Daddy Mitbeteiligter war, fiel es ihm nicht schwer, meinen Aufsatz zu kritisieren. Hier seine Bemerkungen:
„Ich hätte erzählt, wie wir jeden Tag mit Geologenhammer und Meißel in den Halden des Steinbruchs arbeiteten, wie wir die Platten spalteten und doch recht wenig fanden. Die Arbeiter wußten doch genau, was wir suchten. Das Frage- und Antwortspiel zwischen den Arbeitern und dir ist etwas langweilig. Vermeide in Zukunft solche Wiederholungen wie:
Komm her! – Ich ging hin.
Ich antwortete. – Als ich die Antwort gegeben hatte...
Trotz der wörtlichen Rede hast du meist berichtet, nicht erzählt. In der Erlebniserzählung soll doch ein Höhepunkt ausgearbeitet werden. Dieser Höhepunkt war zweifellos der Fund des halben Fisches. Über ihn berichtest du nur. Erinnerst du dich nicht an die Freude? Wie Mama nur noch flüsterte: „Schaut einmal her, was ich gefunden habe." Und wir beide sagten: „Da brauchen wir noch die andere Hälfte!" Aber wir fanden sie nicht. Trotzdem ist der halbe Fisch ein Glanzstück unserer Sammlung."

VORRAT FÜR SPÄTERE SCHULAUFSÄTZE

Ballon in Sicht

An einem schönen Tag schaute ich aus dem Fenster und bemerkte einen Ballon, der ziemlich niedrig dahinflog. Ich alarmierte sofort meine Eltern. Daddy sprang ins Auto, wir hinterher, auf die Rücksitze selbstverständlich, und wir fuhren dem Ballon nach. Aber wir erreichten ihn nicht. Der Ballon gewann wieder an Höhe, und wir kehrten um. Bei der Heimfahrt erinnerte ich mich, daß einige Monate vorher ein anderer Ballon uns nicht entkommen war.

Meine Mama und ich waren gerade in Hörgersdorf beim Mittagessen gewesen, als ich auf dem Rückweg plötzlich rief: „Schau, ein Ballon! Und so niedrig! Der landet!" – „Aber nein, der kann noch weit fliegen!" meinte Mama.
„Und er kommt doch herunter! Schau nur!" – „Du hast recht!" – Wir begannen zu laufen, zuerst auf der Straße, dann über Stock und Stein, quer über die Wiesen. Da war er, ganz dicht vor uns. Er hatte schon sein Landeseil abgeworfen. Jetzt sahen wir auch, daß ein Begleitfahrzeug schon zur Stelle war an dem das Seil befestigt wurde...

Erlebniserzählung

Ihr dürft mir glauben, daß es eine aufregende Sache ist, wenn plötzlich so ein Ballon über uns am Himmel steht. Mit lebenden Menschen darin, die auf uns herunterschauen. Ich dachte, daß dieses Erlebnis einen guten Aufsatz bei mir auslösen würde.
Weit gefehlt! Daddy stoppte mich und sagte:
„Du willst doch nur **ein** Erlebnis erzählen, nicht zwei!" – „Das eine Erlebnis ist doch nur die Einleitung", meinte ich.
„Viel zu lang für eine Einleitung! Erzähle **ein** Erlebnis und das ausführlich."
Die Einleitung dazu muß ganz kurz sein. Nicht zwei Erlebnisse miteinander verbinden, auch wenn sie verwandt sind!
Entweder du schreibst den Aufsatz „Ballon in Sicht" ausführlich und mit wörtlicher Rede, nicht so im Berichtstil, wie du geschrieben hast, oder du schreibst den zweiten Aufsatz „Landung eines Ballons", wie du ihn so schön begonnen hast. Die Einleitung dazu: „Meine Mama und ich waren..." also weiterschreiben!
Aber ich hatte die Lust verloren!

Gespenst hinter Gittern

Eines Nachts wurde ein Gespenst auf seinem nächtlichen Rundgang durch Schloß Schreckenstein gestört. Der Störenfried war ein Wächter, der nachts von Saal zu Saal ging. Als er das Gespenst erblickte, meinte er, ein Dieb habe sich als Gespenst getarnt und nahm den vermeintlichen Räuber fest. Das Gespenst wurde in ein Gefängnis gesperrt. Dort gefiel es dem Gespenst gar nicht. Es war auch beleidigt, denn es war schließlich der Geist des Ur-Ur-Urgroßvaters des jetzigen Besitzers. Ihm „gehörte" doch das verdammte Schloß, und der neumodische Wächter nahm ihn, Graf Stein von Schreckenstein, als Dieb in seinem eigenen Schloß gefangen. „Ihr werdet Euch wundern!" flüsterte das Gespenst vor sich hin. Es machte sich dünner und dünner, bis es so dünn war, daß es zwischen den Stäben durchschlüpfen konnte. Wie ein Rauch schwebte es zwischen den festen Eisenstäben davon. Der Wächter wunderte sich wirklich, als der „Dieb" nicht mehr da war. „Er hat sich davongemacht wie ein Geist!"

Phantasieerzählung

Meine „gespenstischen" Bemerkungen zu dem Aufsatz: Zugegeben, mein Vater hat mir geholfen. Er ist nämlich Spezialist für Gespenstergeschichten, und warum soll man sich von einem Spezialisten nicht „beraten" lassen. Er brachte mich nämlich auf die entscheidende Idee, daß das Gespenst doch der Geist des früheren Besitzers sei. Dann erinnerte ich mich auch, einmal den „Geist von Canterville" gelesen zu haben.

Eine wunderbare Geistergeschichte! Müßt ihr lesen! Dann kann euch so eine Geistergeschichte nicht mehr schrecken, als Aufsatzthema, meine ich.

Mein Vater schüttelt die Gespenstergeschichten aus dem Ärmel, aus dem Schlafanzugärmel. Und dann wundert er sich, wenn er nicht mehr einschlafen kann. Z. B. die schöne Geschichte von den zwei Gespenstern, die sich auf der Treppe nachts begegnen. Das eine Gespenst kommt aus dem Kohlenkeller, das andere vom Speicher herunter. Könnt ihr euch vorstellen, was da geschah? Ja? Dann schreibt das mal schön auf! Und wenn es eine sehr schöne Geschichte wird, nehme ich sie vielleicht in die nächste Auflage meines Buches auf.

Als mir unrecht getan wurde

Unsere Lehrerin war krank, die ganze Woche, hieß es. Jeden Tag hatten wir eine andere Vertretung. Heute hatten wir in Mathematik Frau X. als Vertretung. Sie gab uns acht Aufgaben und schrieb die Ergebnisse an die Tafel, damit wir selbst kontrollieren konnten, ob wir das richtige Ergebnis hatten. Ich rechnete und rechnete, verglich und rechnete wieder, bis ich merkte, daß für die acht Aufgaben nur sechs Lösungen an der Tafel standen. Sofort schnellte mein Finger in die Höhe. Ich war sehr stolz darauf, daß ich den Fehler bemerkt hatte. Aber Frau X. war böse über meine Entdeckung. Ich sei vorlaut, sagte sie, und zur Strafe müsse ich zwei Seiten aus dem Lesebuch abschreiben. Ich sagte nichts mehr, aber ich überlegte, warum ich bestraft worden war für meine Aufmerksamkeit. Ich überlegte auch, ob ich nicht doch vorlaut gewesen sei und mit Recht bestraft worden sei.

„Nein!" sagte Daddy, „dir ist Unrecht geschehen. Aber nimm es nicht übel, auch Lehrer können sich irren."

Keine Phantasieerzählung!

Ich muß Euch sagen, daß ich diesen Aufsatz sehr ungern geschrieben habe. Aber mein Daddy meint, daß dieses Thema oft gegeben werde. Und daß es gut sei, wenn ich dazu mein Erlebnis erzählen würde.

Aber vielleicht hat Euch noch nie jemand unrecht getan? Schon das Wort ist schwer zu schreiben, einmal groß, ein anderes Mal klein. Aber die Schreibweise richtet sich nicht danach, ob es ein kleines oder ein großes Unrecht ist. Mein Erlebnis war nur ein kleines Unrecht, aber man schreibt es groß. Andere werden ungerecht zum Tode verurteilt, und man schreibt es klein. Die Welt und ihre „Rechtschreibung" ist schwer zu verstehen, sagt Daddy.

Ich finde, daß mir Unrecht geschah. Mein Vater meint, das geschehe mir noch oft im Leben. Wenn es nie schlimmeres Unrecht gebe, als diesmal, solle ich zufrieden sein.

Auch Lehrer können sich irren, sagt Daddy, und er muß es wissen, denn er ist selbst ein Lehrer. Aber was sollen die Schulkameraden denken, die keinen Vater haben, der Lehrer ist?

Tierschau in der Schule   Bericht/4. Klasse

Diesen Bericht diktierte ich Daddy in die Schreibmaschine, als er mich gefragt hatte, was für Tiere wir gesehen hätten. Daddy sagte, der Bericht sei nicht schlecht, aber am Anfang und am Schluß fehle noch etwas. Man könne doch nicht einfach anfangen: „Die Tierschau begann..." Man solle auch nicht einfach abbrechen, wenn die Tierschau zu Ende sei.
Deshalb diktierte ich ihm noch eine Einleitung (A). Die müßt Ihr also zuerst lesen. Dann kommt der Hauptteil des Berichts (B) und dann der Schluß (C).

A) Eines Tages sagte unsere Lehrerin, daß wir morgen eine Tierschau sehen dürften. Wir sollten eine Mark als Eintrittsgeld mitbringen.

B) Die Tierschau begann um 11 Uhr in der Turnhalle unserer Schule. Zuerst führte der Besitzer ein Lama herein und erklärte, woher die Lamas stammen, was sie für die Indianer in diesem Gebiet für eine Bedeutung haben und führte es herum. Einzelne Schüler durften sogar auf dem Lama reiten. Dann brachte der Mann einen Wickelbären herein, der ihm an einer Kette nachlief. Das nächste Tier war ein Nasenbär, der unter den Teppich kroch und erst wieder hervorgeholt werden mußte. Jetzt wurden zwei Streifenskunks hereingetragen, und wir durften sie bewundern. Sie waren ungefährlich, weil ihre Stinkdrüsen operativ entfernt worden waren. Eine junge Pythonschlange löste die Skunks ab. Bei ihrem Erscheinen schrien die Mädchen laut auf. Dann kamen die Pudel, drei schwarze und ein weißer. Den Pudeln folgte ein Pony mit Fohlen, und den Schluß machte ein Rhesusaffe. Kurz vor 12 Uhr war die Vorführung beendet.

C) Diese Tierschau war ihr Eintrittsgeld wert. Ich habe nichts dagegen, wenn bald wieder eine Tierschau stattfindet. In der Unterrichtszeit selbstverständlich.

Tierschau in der Schule Erlebniserzählung/4. Klasse

Man kann aber nicht nur über die Tierschau **berichten,** man kann auch von ihr **erzählen.** Wollt Ihr die Erzählung auch noch lesen? Bitte, hier ist sie:

„Was für Tiere werden wir heute zu sehen bekommen?" fragte ich am Morgen Daddy. „Wahrscheinlich einen steinalten Löwen, der froh ist, wenn er sich an Euch anlehnen kann, damit er nicht umfällt!" lachte er.
Als ich mittags heimkam, erzählte ich: „Da war überhaupt kein Löwe dabei, auch kein altersschwacher! Das waren alles sehr gesunde und junge Tiere! Zuerst kam ein Lama!" – „Haha!" lachte Daddy, „hat es dich tüchtig angespuckt? Nein? Dann war es kein echtes Lama!" – „Es war ein echtes, denn man konnte sogar darauf reiten! Dann kam ein Wickelbär..." – „Ein Wickelbär, also ein Wickelkind von einer Bärenmutter?" – „Aber nein! Und dann kam ein Nasenbär! Stell dir vor, der kroch doch immer unter den Teppich, und wenn ihn der Besitzer am Schwanz herausziehen wollte, kroch er nur noch weiter hinein. Wir lachten uns fast schief! Und dann kamen die Skunks!" – „Oweh! Die haben Euch angespritzt!" – „Aber nein, Daddy, die hatten doch keine Drüsen mehr!" – – „Also kein richtiges Lama, und jetzt keine richtigen Skunks!" – „Daddy! Es waren richtige Skunks! Als der Mann den Python, einen Netzpython, hereinbrachte, gab es bei den Mädchen ein riesiges Geschrei. Wir Buben aber lachten bloß, denn der Python war unserer Ansicht nach viel zu klein. Sehr nett waren die Pudel, vor allem der weiße Pudel. Wenn er durch die Reifen springen sollte, sprang er immer darüber, und wenn er über die Hürden springen sollte, lief er an den Hürden einfach vorbei. Und stell dir vor, Daddy, das Pony war dressiert! Zuerst rechnete es, z. B. daß zwei mal zwei fünf sei. Da lachten wir, denn das wußten sogar die Erstkläßler besser. Zum Schluß aber kam ein Rhesusaffe hereingesprungen und klaute flugs einem Schüler die Brotzeit, eine Breze. Der Bestohlene schrie natürlich fürchterlich, aber der Affe mampfte die Breze hinunter. Danach warf er einen Stuhl um, auf dem er ein Kunststück vorführen sollte."
„Auf jeden Fall, lustig war die Tierschau, das merke ich aus deiner Erzählung." – „Und das nächste Mal nehme ich eine Breze mit. Vielleicht stiehlt mir auch ein Affe die Brotzeit!"

Erdbeben in der Nacht

Daddy und ich lagen im Bett und erzählten uns die letzten Witze vor dem Einschlafen. Plötzlich kam Mama herein und sagte ganz aufgeregt: „Habt ihr etwas bemerkt?" – „Was sollen wir bemerkt haben?" fragten wir. „Ein Erdbeben! Eben hat die Erde gebebt." Wir lachten natürlich, weil wir es für einen Witz hielten. Ich fragte: „Woher weißt du denn, daß es ein Erdbeben war?" – „Die Pendeluhr blieb plötzlich stehen, tickte nicht mehr. Ich schaute hin, alles an der Uhr wackelte, das Pendel, das Gewicht! Auch die Schnur zum Aufziehen! Und wie ich zum Beleuchtungskörper aufschaue, schwingt der auch hin und her." Mit diesen Worten knipste Mama mein Licht im Zimmer an, und wir drei sahen, daß auch meine Lampe wackelte. Vielleicht hatte Mama doch recht, mit dem Erdbeben. Nachdem Mama das Licht ausgeschaltet hatte und gegangen war, sagte Daddy: „Wir beben nicht." Das war der beste Witz an diesem Abend!
Dann ging er aus meinem Zimmer, denn ich mußte schlafen.

Erdbeben!

Alle redeten vom Erdbeben am Morgen, die Großeltern, die Eltern, die Mitschüler, sogar unser Bäcker. Jeder hatte das Erdbeben auf eine besondere Art erlebt. Ich glaubte nicht alles, vor allem nicht meinen Schulkameraden, die beim Erdbeben wahrscheinlich geschlafen hatten, oder, wenn sie etwas bemerkten, gemeint hatten, der Bruder sei aus dem Bett gefallen. Nur dem Bäcker glaubte ich. Er erzählte, daß er auf dem Diwan plötzlich so starkes Schütteln gespürt habe, daß er unter den Diwan gegriffen habe, in der Meinung, ein Kind habe sich dort versteckt und wolle ihn von unten hochheben.
Das klingt glaubwürdig! Aber mittags hörte ich in den Rundfunknachrichten, daß in Italien Hunderte von Menschen verschüttet wurden, getötet wurden. Allmählich nahm ich das Erdbeben doch ernst und erkundigte mich, wann bei uns das letzte große Erdbeben gewesen sei. Niemand konnte mir eine richtige Antwort darauf geben. Ich werde in meinen Büchern etwas über Erdbeben nachlesen müssen.

Das sind jetzt zwei Aufsätze über das Erdbeben im Mai 1976. Es sind zwei Erzählungen, keine sachlichen Berichte. Die Berichte standen später in den Zeitungen, aber auch nicht immer sachlich.
Warum ich zwei Geschichten abgedruckt habe?
Weil ich selbst überrascht davon war, wie verschieden man über dieses Erlebnis schreiben konnte: das Erlebnis am Abend und das Erlebnis am Morgen, jedesmal aus einer anderen Sicht. Das gleiche Ereignis, und jeder erlebte es anders, und jeder erzählte es anders. Meine Mutter erlebte es und erzählte es, der Bäcker erlebte es und erzählte es. Ich möchte eigentlich noch von einem Italiener erzählen lassen, von einem, dem das Haus einstürzte. Aber zur Zeit des Erdbebens war gerade Druckerstreik, und die Zeitungen erschienen nicht. Aber eine Meldung habe ich doch gefunden. Ich bringe sie euch zum Vergleich:

München – Ein verheerendes Erdbeben in Italien hat gestern abend wahrscheinlich mehr als 100 Menschenleben gefordert! Um 21.02 Uhr bebte die Erde! Die Erdstöße, die die Stärke eines schweren Erdbebens erreichten (Stärke 7), hatten ihr Zentrum bei Venedig und wurden in ganz Europa registriert. In der norditalienischen Grenzstadt Buia stürzten viele Häuser ein. Die Rettungsaktionen dauerten die ganze Nacht. Die Nachrichtenagentur Associated Press meldete, daß voraussichtlich noch mit wesentlich mehr Toten gerechnet werden muß.
In München erreichte das Beben eine solche Stärke, daß Bilder von der Wand fielen und Biergläser vom Tisch rollten. Im Sendestudio des Bayerischen Rundfunks blieben sogar die Uhren stehen!
In der Wetterstation auf der Zugspitze schlug das Pendel 15 cm aus!
In Deutschland wurden die stärksten Beben im Oberrheingraben zwischen Basel und Mainz registriert.

Vergleicht einmal meine Erzählungen mit diesem Zeitungsbericht! Ich finde, da kann man allerhand lernen: Meine Geschichten so ganz persönlich, Einzelerlebnis! Aber die Zeitung bringt das Erdbeben ganz sachlich, so im Überblick. Da weiß man, was wirklich geschehen ist. Ich finde, das ist eine sachliche Information. Nach dem Erlebten brauchte ich diese dringend. Ich habe da erst gemerkt, wie dringend wir die Zeitungen brauchen, und die Nachrichten im Radio und im Fernsehen. Jetzt verstehe ich, warum mein Daddy jeden Tag die Nachrichten einschaltet.

Die Gepenstervilla

Mein Daddy war einmal nach Pirmasens versetzt worden und suchte dort eine Wohnung. Er fand eine ganze Villa, die billig zu vermieten war, weil – es dort spukte, wie alle Pirmasenser wußten und bereit waren zu beschwören. Warum spukte es in der am Stadtrand gelegenen Villa? Weil der erste Besitzer seine ganze Familie und sich selbst erschossen hatte, weil der nächste Mieter sich dort erhängt hatte. Das war der Vorgänger von Daddy. Selbstverständlich wurde Daddy immer wieder gefragt, ob er von dem Spuk etwas bemerke. Und Daddy mußte zugeben, daß es spukt in dem Haus. „Aber nur um Mitternacht!" pflegt hier Daddy einzuschränken. Der erste Besitzer, der unselige Klesmann, komme vom Speicher herunter, nehme im bequemsten Sessel Platz, natürlich unsichtbar, und leider könne er weder ein Glas Wein trinken, noch ein Wurstbrot essen, aber rauchen könne das Gespenst, wenn Daddy ihm eine Zigarre anzündet und in den Aschenbecher legt. Sie raucht weiter, sie erlischt nicht. Aber manche Leute wollen das nicht glauben!"

Das ist weder ein eigenes Erlebnis, noch eine Erlebniserzählung. Es ist nur eine Nacherzählung. Ich erzähle nur stark verkürzt nach, was Daddy allen seinen Bekannten und Freunden um Mitternacht erzählt. Es ist schwer, sie nachzuerzählen, weil mir beim Schreiben der düstere Ton fehlt, mit dem Daddy die Geschichte erzählt. Ich mußte sie auch stark kürzen, denn sie dauert beim Erzählen ganz lang. Es kommt auf die Stimmung an, in der Daddy ist, und die hängt von den Zuhörern ab. Er sieht genau an den Augen der Zuhörer, ob sie ihm glauben oder nicht. Wenn sie ihm glauben, wird die Geschichte sehr lang. Vielleicht liest meine Nacherzählung ein ehemaliger Schüler meines Vaters. Er kennt diese Gespenstergeschichte sicher, und er kann entscheiden, ob ich gut nacherzählt habe. Und meine Leser in Pirmasens können ihre Eltern fragen, ob die Gespenstervilla wirklich existiert. Und wenn es die Villa gibt, könnte auch die Geschichte wahr sein.

Stellt Euch vor, ich habe inzwischen die Geistervilla selbst gesehen. Aber dort lebt jetzt ein sehr unfreundlicher Hausgeist. Nur einen Spalt öffnete die Frau ihre Haustüre.

Lösungen:

Seite 11: „Die unberachenbere Schreibmischane" ist ein Gedicht von Josef Guggemos in dem Buch „Was denkt die Maus am Donnerstag?" dtv junior

Seite 14: In der Überschrift steht „Trapper Wolfsmaul und die Komantschen", in der Geschichte tritt aber nur ein Komantsche auf. – Aus dem Trapper Geierschnabel ist jetzt ein „Geierkralle" geworden.

Seite 35: Der Satz in der Klammer kann in einen Gliedsatz (Nebensatz) umgeformt werden: ... den Schlitten, der mit Stefan den halben Berg hinuntergefahren war, wieder hinauf.

Seite 39: Schluß: Zu Hause schwärzte ich ein Dia-Rähmchen innen mit Ruß und klebte es zusammen. Jetzt warte ich jeden Tag auf eine kleine Sonnenfinsternis.

Seite 44: Wir sind dabei vom Thema abgekommen. Das Thema heißt nicht: Mäusejagd – Katze – Bäuerin! Wir müßten aus der Stadt eine Urlauberin herholen.

Seite 51: Ein wichtiges Telefongespräch – Verabredung

Seite 56: Der Drache kriecht jedes Jahr im Sommer durch die Straßen der Stadt Furth im Wald beim „Drachenstich". (Heißt es „der Drache" oder „der Drachen"? – Im Duden nachschlagen!)*)

Seite 58: Ich weiß es auch nicht.

Seite 59: Es soll Menschen geben, die nicht wissen, was ein Pfingstochse ist. Das ist ein Palmesel am Pfingstsonntag! Der Palmesel steht am Palmsonntag als letzter der Familie auf, der Pfingstochse am Pfingstsonntag.

Seite 67: Das Wort „ausgestopft" nehmen wir aus der vierten Zeile heraus und setzen es viel später wieder ein. – Nach dem Satz „... stand er dicht vor uns – ausgestopft!"

*) In meinem Rechtschreibbuch steht: Drache = riesiges, echsenartiges, geflügeltes Fabeltier / Drachen = Fluggerät (als Kinderspielzeug). Was steht in Deinem Nachschlagewerk?

MEINE BÜCHER

Weil ich sehr viel lese und sehr viele Bücher bekomme, und weil ich glaube, daß meine Bücher für das Aufsatzschreiben wichtig sind, habe ich für Euch eine Liste meiner schönsten Bücher zusammengestellt und geordnet. Dabei habe ich selbstverständlich das Kleinzeug und die Kinderbücher weggelassen. Vielleicht findet Ihr das eine oder andere Buch, das Ihr Euch zum Geburtstag wünschen dürft.

Nachschlagewerke:

Schüler-Duden, Rechtschreibung und Wortkunde
Schüler-Duden, Fremdwörterbuch
Duden-Schülerlexikon
dtv-junior-Lexikon
pipers kinderlexikon — Piper Verlag München
   erklär mir die welt
   erklär mir das meer
   erklär mir die erde
   erklär mir die tiere
   erklär mir die technik
   erklär mir die indianer
Was Kinder wissen wollen, Süd-West Verlag München
Jens, Mythologisches Lexikon, Goldmann Verlag München

Zur Geschichte:

Das Antwortbuch der Geschichte, Neuer Tessloff Verlag Hamburg
Illustrierte Weltgeschichte, Band 1—6, Neuer Tessloff Verlag Hamburg
Heinrich Pleticha, Ritter, Burgen und Turniere, Arena Verlag Würzburg
C. W. Ceram, Götter, Gräber und Gelehrte, Buch und Welt, Klagenfurt
Melegari, Verborgene Schätze, Union Verlag Stuttgart
Scheiblhuber, Deutsche Geschichte, Oldenbourg Verlag München
Georg Schreiber, Lösegeld für Löwenherz, Jungbrunnen Wien
Hans Baumann, Im Lande Ur, Bertelsmann Gütersloh
Pieter Coll, Das gab es schon im Altertum, Arena Verlag Würzburg
Sonnleitner, Die Höhlenkinder, Frankh, Stuttgart
Hans Baumann, Steppensöhne, dtv junior
Hans Baumann, Ich zog mit Hannibal, dtv junior
Hans Baumann, Die Barke der Brüder, dtv junior
Frederek Hetmann, Das Rätsel der grünen Hügel, dtv junior

Zur Bibel:

Gert Otto, Die Bibel der Kinder, Furche Verlag Hamburg
Anne de Vries, Die Bibel unserer Kinder, Kath. Bibelwerk Stuttgart

Fussenegger-Grabianski, Bibelgeschichten, Carl Überreuther Wien
Northcott, Biblisches Lexikon, Kath. Bibelwerk Stuttgart
Werner Keller, Und die Bibel hat doch recht, Rowohlt Taschenbuch

Sagen und Märchen:

Auguste Lechner, Ilias, Tyrolia Verlag Innsbruck
Auguste Lechner, Odysseus, Tyrolia Verlag Innsbruck
Auguste Lechner, Aeneas, Tyrolia Verlag Innsbruck
Schulte-Goecke, Germanische und deutsche Sagen, Schöningh, Paderborn
Gerhard Aick, Die schönsten Helden- und Rittersagen des Mittelalters,
   Tosa Verlag Wien
Leiderer-Weitnauer, Mein Sagenbuch, Bayer. Schulbuch Verlag München
Recheis, König Arthur und die Ritter der Tafelrunde, Hoch Verlag Düsseldorf
Howard Pyle, Robin Hood, Tosa Verlag Wien
Grimms Märchen
Bierbaum, Zäpfel Kerns Abenteuer, dtv junior
Carlo Collodi, Die Abenteuer des Pinocchio, Tosa Verlag Wien
Gustav Schwab, Sagen des klassischen Altertums
Eggerer-Rohnert, Sagen des Altertums, Martin Lurz Verlag München
Herbert Kranz, Die deutschen Volksbücher, Herder Freiburg

Geschichten und Gedichte:

Till Eulenspiegel, Tosa Verlag Wien
Otfried Preußler, Der Räuber Hotzenplotz, Thienemann Verlag Stuttgart
   Neues vom Räuber Hotzenplotz
   Hotzenplotz 3
   Der kleine Wassermann
   Das kleine Gespenst
   Die kleine Hexe
Erich Kästner, Münchhausen, Otto Maier Ravensburg
Erich Kästner, Gullivers Reisen, Otto Maier Ravensburg
Robert Schneider, Das große Lausbubenbuch, Tosa Verlag Wien
Oscar Wilde, Das Gespenst von Canterville, Diogenes Verlag Zürich
Was Kinder gerne hören, Gute-Nacht-Geschichten, Südwest Verlag München
Westermanns Großes Kalenderbuch, Westermann Braunschweig
James Krüss, Der wohltemperierte Leierkasten, Bertelsmann Gütersloh
James Krüss, Gedichte für ein ganzes Jahr, Otto Maier Ravensburg
James Krüss, ABC und Phantasie, Otto Maier Ravensburg
Gerri Zotter, Das Sprachbastelbuch, Jugend und Volk Wien
Unsere hundert schönsten Geschichten, Weichert Verlag Hannover
Erich Kästner, Die Schildbürger, Otto Maier Ravensburg
Erich Kästner, Till Eulenspiegel, Otto Maier Ravensburg

Erich Kästner, Die lustige Geschichten-Kiste, Annette Betz München
Erich Kästner, Emil und die Detektive, Dressler Verlag Berlin

Abenteuer:

Daniel Defoe, Robinson Crusoe, Tosa Verlag Wien
Anton Kaltenbach, Mala, der Robinson des Eismeeres, Wewel Verlag Freiburg
Robert Louis Stevenson, Die Schatzinsel, Tosa Verlag Wien
James Fenimore Cooper, Lederstrumpf, Herder Freiburg
Mark Twain, Tom Sawyer und Huckleberry Finn, Eduard Kaiser Verlag Wien
Gustav Schalk, Klaus Störtebeker, Tosa Verlag Wien
Melville, Moby Dick, Eduard Kaiser Verlag Klagenfurt

Technik:

Das Neue Universum, Band 92, Südwest Verlag München
Rüdiger Proske, Mit Apollo 12 — Mondlandung, Buch und Zeit Köln
Raumfahrt — das große Abenteuer, hobby-Bücherei Stuttgart
Peter Per, Technik, Spiel und Abenteuer, Buch und Zeit Köln
Heinz Schmidt, Flugzeuge aus aller Welt, Motorbuch Verlag Stuttgart
Kahlert-Seeholzer, Der blaue Horizont, Domino Verlag München
Kahlert-Stolze, Kommt Zeit, kommt rad, Domino Verlag München
John Glenn u. a., Das Astronautenbuch, Droemer Knaur München

Natur:

Weltaltas der Tiere, Neuer Tessloff Verlag Hamburg
Wie sie leben, Edition Praeger, München
   Raubtiere
   Reptilien und Amphibien
   Fische
   Vögel
   Insekten
Bunter Kinder-Kosmos, Menschen auf dem Meeresgrund, Kosmos Stuttgart
Tier-Bildlexikon, Bertelsmann Gütersloh
Bridges, Lauter Zoogeschichten, Delphin Verlag Zürich
Wehrhaftes Wild in Afrika, Deutsche Verlagsanstalt Stuttgart
Freude an Fischen, Deutsche Verlagsanstalt Stuttgart
Tiere in Teich und Tümpel, Deutsche Verlagsanstalt Stuttgart
Vögel in Feld und Garten, Deutsche Verlagsanstalt Stuttgart
Die schönsten Tiergeschichten, Tosa Verlag, Wien
Seeholzer, Viele Schätze birgt die Erde, Domino Buch
Schmitz, Erforschung der Meere, BLV München
Tiere sind voller Geheimnisse, Franz Schneider Verlag München

So verhalten sich Tiere, Franz Schneider Verlag München
Otward Thiel, Im Banne der Berge, Ludwig Auer, Donauwörth
Popp-Pleticha, Wir leben seit fünf Sekunden, Arena Verlag Würzburg

Für meine Hobbys:

Blanke Waffen, Emil Vollmer Verlag Wiesbaden
Norman, Waffen und Rüstungen, Parkland Verlag Stuttgart
Alte Waffen und Rüstungen, Südwest Verlag München
Feuerwaffen, Emil Vollmar Verlag Wiesbaden
Alte Uniformen, Südwest Verlag München
Udo Knispel, Faustfeuerwaffen, Heyne Verlag München
Walter Schumann, Steine sammeln, BLV München
Jasinski, Höhlen und Höhlenkunde, Delphin Verlag Stuttgart

NACHWORT DES HERAUSGEBERS

Sie haben dieses kleine Buch gekauft in der Hoffnung, daß Ihr Kind in der schwierigen Kunst des Aufsatzschreibens gefördert wird, daß Sie Ihrem Kind auch in diesem Bereich des Unterrichts Erfolgserlebnisse verschaffen können. Ihr Kind braucht für seine Entwicklung auch Erfolge im Aufsatzschreiben, nicht nur um der Note willen.
Was will dieses kleine Buch?

1. Es will das Interesse am Schreiben wecken, will die Schüler aktivieren. Die Themen und Ausarbeitungen sind so gewählt, daß sie neugierig machen, daß sie die Kinder ansprechen, daß sie das Büchlein gern lesen.
2. Das Buch will zeigen, was aus dem Schüler herauszuholen ist.
Deshalb sind sehr schwache Aufsätze mit Höchstleistungen vereinigt. Einerseits soll der Schüler nicht verzagen, etwa sagen: „Das bringe ich nie fertig!" Andererseits soll er ein Ziel vor Augen haben, soll erkennen, was man mit Energie und gutem Willen erreichen kann. Es wird gezeigt, was ein Schüler der 3. und 4. Jahrgangsstufe leistet und was er unter Umständen leisten könnte.
3. Das Buch will zeigen, was aus den einzelnen Themen herauszuholen ist.
Ihr Kind soll vergleichen lernen, den eigenen mit dem fremden Aufsatz, die erste Fassung eines Aufsatzes, meist in der Schule gechrieben, mit einer zweiten verbesserten Fassung.
4. Das Buch will zeigen, wie man zu besseren Aufsätzen kommen kann. Es soll eine kleine Aufsatzschule sein, dem Verständnis der Altersstufe angepaßt im Stil und in den Themen. Die Gegenüberstellung von Aufsätzen soll die Frage beantworten: Was muß ich tun, um aus einem schwachen Aufsatz einen guten zu machen?
5. Das Buch will die Schüler vor Fehlleistungen bewahren.
Der Schüler soll an negativen und an positiven Beispielen lernen, daß außer dem Thema auch die Aufsatzform zu beachten ist. Wir bringen deshalb an einer Stelle eine völlige Verfehlung des Themas und der Aufsatzform (Seite 34). Der Schüler darf nicht eine Phantasieerzäh-

lung schreiben, wenn eine Erlebniserzählung verlangt ist. Er darf nicht über eine Weltraumrakete schreiben, wenn das Thema von einem Fahrrad handelt.

6. Das Buch will Beispielaufsätze bringen, keine Musteraufsätze!
   Jedes Thema ist anders, jeder Schüler hat seine eigenen Erlebnisse zum Thema, hat seinen eigenen Schreibstil. Deshalb werden hier nur Beispielaufsätze geboten, die zeigen sollen, wie man es machen kann. Das Schlimmste wäre, wenn ein Schüler versuchen sollte, den einen oder anderen Aufsatz abzuschreiben und für seinen eigenen auszugeben. Wenn ihn sonst nichts vom Abschreiben abhalten könnte, dann wenigstens der Gedanke, daß der Lehrer das Büchlein auch kennt und daß ihm ein abgeschriebener Aufsatz sofort „bekannt" vorkommen könnte.

Damit Sie von dem Büchlein nicht enttäuscht werden, bitte ich, hier nachzulesen, was Sie bei den einzelnen Aufsatzformen beachten sollen.

Die Nacherzählung

Inhalt der Geschichte und sprachliche Gestaltung sind in der Nacherzählung vorgegeben, und deshalb ist sie die leichteste Aufsatzart. Sie hat den Nachteil, daß der gedächtnisstarke Schüler sich den Wortlaut merkt und daß die sprachliche Form dem Schüler fast zudiktiert wird.

Der Schüler muß n u r nacherzählen, aber er soll sich davor hüten, sich den Wortlaut zu merken. Es könnte sein, daß er seine ganze Aufmerksamkeit dem Wortlaut zuwendet und daß er dabei den Sinn der Geschichte nicht erfaßt. Die wichtigsten Forderungen sind:

1. Der Schüler muß den Sinn der Erzählung richtig erfassen.
2. Er muß in der richtigen Reihenfolge nacherzählen.
3. Die Zeitstufe ist einzuhalten.
4. Das Erzählte muß sprachlich richtig dargestellt werden.
5. Zur stilistischen Bewertung gehören: verschiedene Satzanfänge, Wechsel im Satzbau, treffende Wortwahl, anschauliche und lebendige Darstellung.

Die Geschichte, die nacherzählt werden soll, wird in der Schule zweimal vorgelesen. Häufig wird der Schluß weggelassen, und der Schüler soll dann selbst einen passenden Schluß finden, der logisch die Geschichte abschließt. (Auf Seite 16 finden Sie ein Beispiel!)

Die sog. Fortsetzungsgeschichte, bei der nur der Anfang einer Erzählung vorgegeben wird, ist eine Phantasierzählung. (Siehe Seite 51)
Die Nacherzählung können Sie mit dem Kind leicht üben, mündlich und schriftlich. Das Kind soll Ihnen eine eben gelesene Geschichte von Eulenspiegel, von Münchhausen, von den Schildbürgern usw. erzählen. Sie fragen, wenn die Nacherzählung nicht klar ist. Sie verbessern, wenn der Ausdruck des Kindes nicht richtig ist. Zum schriftlichen Üben gehört selbstverständlich eine gewisse Bereitschaft des Kindes. Es sollte nicht mit Unlust und nur gezwungen an die „Arbeit" gehen. Man kann aber auch Witze, Rätsel, Anekdoten nacherzählen lassen, damit die Freude kommt oder erhalten bleibt. Erzählen Sie dem Kind eine solch kurze Geschichte, und es soll sie dann dem heimkommenden Vater „nacherzählen" oder in einem Brief an die Oma weitererzählen.

Die Bildergeschichte

Dem Schüler werden Bilder vorgelegt, deren Geschichte er nacherzählen soll, in Worte fassen soll. Er muß nicht einen Inhalt suchen, denn der ist ihm gegeben in den Bildern, aber er muß die sprachliche Form, den Ausdruck selbst suchen. Sie ist ihm nicht wie in der Nacherzählung vorgezeichnet. Meist ist auch hier der Schluß offen, d. h. das letzte Bild zeigt nur ein großes Fragezeichen, den Schluß der gezeichneten Geschichte muß der Schüler selbst finden. Der Text soll wie eine Erlebniserzählung geschrieben werden. (Sie finden solche Arbeiten auf den Seiten 21–26.)
Auch Bildergeschichten können Sie leicht mit dem Kind üben. Die Schüler brauchen nur Bilder von Wilhelm Busch, die Vater und Sohn-Geschichten und ähnliche in Worte zu fassen, zuerst mündlich, dann schriftlich.

Die Erlebniserzählung

Inhalt und sprachliche Form werden vom Schüler selbst gefunden. Es wird ihm ein Thema gegeben, zu dem er ein eigenes Erlebnis schreiben soll. Damit jeder der Schüler für das Thema auch wirklich etwas erlebt hat, werden meist Rahmenthemen gegeben, deren weiter Rahmen viele persönliche Erlebnisse umfaßt.

Die wichtigsten Forderungen an die Erlebniserzählung sind:
1. Die Geschichte soll wirklich selbst erlebt oder miterlebt sein, soll nicht etwa erfunden sein.

2. Die Erzählung soll Einleitung, Hauptteil und Schluß erkennen lassen.
3. Es soll nur **ein** Erlebnis erzählt werden.
4. Die Erzählung soll in Erzählschritten einem Höhepunkt zustreben und diesen anschaulich ausgestalten.
5. Die wörtliche Rede macht die Erzählung lebendig und läßt nicht den sachlichen Berichtstil aufkommen.
6. Die Erzählzeit ist die 1. Vergangenheit (Präteritum).
7. Der Schüler soll eine gewisse Spannung erzielen.

Wichtig ist, daß die Schüler das Wort „Erlebnis" richtig auffassen. Die Kinder haben oft das Gefühl, nichts erlebt zu haben, wenn sie nicht gerade Zeugen eines Flugzeugabsturzes waren. Beim „Erlebnis mit einem Hund" muß schon ein Polizeihund einen Verbrecher fangen oder mindestens ein kräftiger Biß dabei sein, sonst empfinden sie das Vorkommnis nicht als Erlebnis. Es ist den Schülern klar zu machen, daß jeder Tag und jede Stunde ein kleines oder größeres Erlebnis bringt. Auf die „Größe" des Erlebnisses kommt es nicht an, nur darauf, was man im Aufsatz darüber schreibt, und wie man es schreibt.

Folgendes Beispiel möge das veranschaulichen: Ein Schüler konnte bei einem von mir gestellten Thema seine Erlebnisse beim Flug von Indien nach Deutschland erzählen. Der andere Schüler konnte nur den Weg von der Wohnung zur Straßenbahn als „Erlebnis" aufweisen. Es überraschte mich nicht, daß der Straßenbahnfahrer den viel besseren Aufsatz schrieb als der Flugreisende.

Manchmal hört man auch den Einwand oder Vorwurf, bei dem Thema „Tiererlebnis" seien die Schüler bevorzugt, die einen Hund, eine Katze oder mindestens ein Meerschweinchen zu Hause haben. Ja, manche Eltern klagen sich sogar an, diese Möglichkeit ihrem Kind nicht bieten zu können. Aber jede Begegnung mit einem Tier kann zum Erlebnis werden und gut gestaltet werden, selbst das Streicheln eines fremden Hundes, das Kläffen des Hundes hinter einem Zaun usw. (Bitte lesen Sie das Beispiel Seite 29.)

Was können die Eltern für die Erlebniserzählung ihres Kindes tun?
Sie können dem Kind helfen, sich seiner Erlebnisse bewußt zu werden. Viele Kinder kommen von der Schule heim und klagen: „Mir ist zu diesem Thema nichts eingefallen!" Wenn die Eltern dann das Thema erfahren, sagen sie meistens: „Aber da hättest du doch schreiben können, wie wir damals . . ." Machen Sie Ihr Kind auf seine kleinen Erlebnisse auf-

merksam, z. B. am Frühstückstisch wird Milch verschüttet – Wortwechsel – Ergebnis: Aufsatz „Wie ich einmal Pech hatte" – „Ich wurde ausgeschimpft!" – „Ich war es doch gar nicht!" usw.

Das Kind soll schlafen gehen, will aber nicht – Ergebnis: Aufsatz „Bitte, laßt mich noch aufbleiben." – „Als ich einmal länger aufbleiben durfte." usw.

In der Straßenbahn – zwei Frauen streiten: Aufsatz!
Mit dem Fahrrad – gefährliche Situation: Aufsatz!
Der Ball rollt auf die Straße: Aufsatz!
Wolkenbruch – Wasser im Keller: Aufsatz!

Ich kann aber auch den umgekehrten Weg empfehlen:
Nehmen Sie die in der Schule üblichen Rahmenthemen und suchen Sie gemeinsam mit Ihrem Kind die passenden Erlebnisse dazu!

„Erlebnis mit einem Tier": Weißt du noch, wie uns damals der fremde Hund nachgelaufen ist, wie du die fremde Katze gefüttert hast, wie im Tierpark der Affe..?

„Erlebnis mit Tieren": Weißt du noch, wie uns damals die Kühe nachgelaufen sind? Kannst du dich noch an den Bienenschwarm erinnern? usw.

„Erlebnis auf der Straße": Was haben wir schon alles als Fußgänger, Radfahrer, Autofahrer erlebt oder als Zuschauer miterlebt? Suchen Sie mit ihrem Kind **ein** solches Erlebnis in Ihrer gemeinsamen Erinnerung! Sprechen Sie mit dem Kind darüber! Es weiß sonst nicht, was für ein Erlebnis es aus der Fülle des Erlebten auswählen soll. Sprechen Sie auch darüber, wie gut man das erzählen könnte! Erinnern Sie an die Gespräche, an die Ausrufe usw. Wenn der Aufsatz geschrieben ist, nützt nur wenig, wenn Sie sagen: „Hättest du doch geschrieben, wie wir die Panne in Tirol hatten!"

„Ein Ferienerlebnis": Dutzende von gemeinsamen Erlebnissen fallen Ihnen ein, wenn Sie mit dem Kind darüber sprechen. Was könntest du schreiben? Über welches Erlebnis würdest du gern schreiben? Wie würdest du das erzählen?

„Eine große Freude": Machen Sie Ihrem Kind bewußt, bei welcher Gelegenheit es eine große Freude hatte. Bei einem Geschenk, bei einem Besuch, bei einer guten Note, bei einem Lob usw. Das Thema kann auch abgewandelt sein: Da freute ich mich! – Da mußte ich lachen! – Das war ein Vergnügen! –

„Ein großer Ärger": Beim Mittagessen – Schlüssel verloren – Schulaufgabe – Vergessen! – usw.

„Ein toller Streich!": Da muß nicht gleich die Feuerwehr alarmiert werden! (Gehen Sie an solche Themen nicht vom Standpunkt des Erwachsenen heran!) Die Bürste im Bett – Das versteckte Essen – Der versteckte Mantel – Die falsche Hausaufgabe usw.

Bitte, sagen Sie jetzt nicht: „Zu solcher Nachhilfe habe ich keine Zeit!" – Sie sollen ja mit Ihrem Kind nur plaudern, sich unterhalten. Das Kind braucht nicht immer zu merken, daß Sie es auf den nächsten Aufsatz vorbereiten. Und Sie freuen sich doch auch an den Erinnerungen!

Die Reizwortgeschichte

Den Schülern werden zwei oder drei Wörter (Reizwörter) gegeben, über die sie eine Geschichte, also eine Phantasieerzählung, erfinden sollen. Die Reizwörter müssen in einen logischen Zusammenhang gebracht werden, sie sind der Kern der Erzählung. Die Kriterien für die anderen Aufsätze gelten selbstverständlich auch hier: sprachlich richtige Darstellung, stilistische Ausarbeitung.

Sie können Ihren Kindern helfen, mit dieser Aufsatzform fertig zu werden, wenn sie spielerisch solche Geschichten, eventuell im Wettbewerb, erfinden lassen oder selbst erfinden. Das Kind gibt Ihnen drei Reizwörter, Sie erfinden die Geschichte dazu, und dann umgekehrt.

Solche Plaudereien sind vor allem am Abend sinnvoll und stellen eine Vertrautheit zwischen Eltern und Kindern her, die sonst manchmal vermißt wird. (Siehe Reizwortgeschichten Seite 40)

Die Phantasieerzählung

Hier muß vor allem vor der wilden Phantasie gewarnt werden. Nicht zügelloses Austoben der Phantasie, nicht bloßes Aufzählen von unwahrscheinlichen Erlebnissen. (Beispiel Seite 45)

Auch die Phantasieerzählung ist eine Erzählung, also eine gestaltete Geschichte. Sie muß in sich logisch und zusammenhängend sein, auch wenn sie phantastisch ist. Als Beispiel mögen die Münchhausen-Geschichten dienen: Wenn Münchhausen schon einen Kirschkern in der Flinte hat, ihn auf den Hirsch abschießt, muß „logischerweise" zwischen dem Hirschgeweih ein kleiner Kirschbaum wachsen. Unlogisch wäre ein Apfelbaum. Sie verstehen, was ich damit sagen will? Es gibt unzählige Möglichkeiten für Phantasieerzählungen, von einer erdachten Erfindung bis zur Traumschule, von Wunschträumen bis zur sogenannten **Fortsetzungsgeschichte:**

Ein kleiner Text wird als Einleitung gegeben, und der Schüler soll eine logische Fortsetzung entwickeln. Er muß dabei seine Phantasie im Sinne der Einleitung zügeln. Meist soll er dazu noch eine passende Überschrift selbst finden.
Auch bei der Phantasieerzählung können Sie helfen, wenn Sie mit dem Kind im Wetteifer Geschichten erfinden und immer darauf aufmerksam machen, wenn die Fortsetzung nicht mehr zum Anfang paßt. Schenken Sie dem Kind die berühmtesten Phantasieerzählungen, die von Münchhausen, von Eulenspiegel, die von den Schildbürgern. Fragen Sie danach! Lassen Sie sich die Geschichten erzählen! Und damit sind wir wieder bei der Nacherzählung, mit der wir begonnen haben.

Sie werden vielleicht in meiner Darstellung den Bericht und die Beschreibung vermissen, aber sie gehören nicht mehr zum Stoffbereich der 3. und 4. Klasse. Wir haben zwar Berichte und Beschreibungen als Aufsätze aufgenommen, aber nur zum Vergleich und damit die Kinder etwas über den Zaun schauen können, in die 5. und 6. Klasse hinüberschauen können. Sie sollen spüren, daß mit der 4. Klasse kein Abschluß erreicht ist, daß es weitergeht. Sie sollen jetzt schon auf die nächsten Klassen neugierig gemacht werden.
Vielleicht kommen Ihnen meine Forderungen zu hoch, nicht erreichbar vor. Erreichbar sind sie, aber nur mit intensiver Arbeit. Was ich Ihnen vorgestellt habe, sind Ziele, die man nicht immer erreicht, aber doch anstreben soll.
Ich habe Ihnen am Anfang gesagt, was das kleine Buch will:
Vor allem den Schüler aktivieren, das Interesse am Aufsatzschreiben wecken. Wir wollen zeigen, daß man auch das Aufsatzschreiben lernen kann.

Ich wünsche Ihren Kindern beim Aufsatzschreiben viel Erfolg!

Wilhelm Eggerer

„DEUTSCH" VOM MANZ VERLAG

W. Eggerer / E. Mayer

Manz Großes Aufsatzbuch

5. bis 10. Klasse
(Orientierungsstufe, Sekundarstufe I)

465 Seiten, Leinen DM 24,—

267 Beispielaufsätze als Lern-, Vergleichs- und Übungsmaterial.

W. Eggerer / E. Mayer

Manz Großes Aufsatzbuch

9. bis 13. Klasse
(Sekundarstufe II)

456 Seiten, Leinen DM 24,—

Gliederungen und Aufsätze, Erörterung, Problemaufsatz (Besinnungsaufsatz), Facharbeit, Text und Gedichtinterpretation.

W. Eggerer / E. Mayer

Aufsatzlexikon

Begriffe und Themen
Leinen, DM 25,—

4. wesentlich erweiterte Neuauflage, 480 Seiten

Das Aufsatzlexikon ist ein Nachschlagewerk und Handbuch, das umfassend über die wichtigen Fragen der Aufsatzlehre informiert. Es enthält 6000 Aufsatzthemen, Vorschläge, die für den Lehrer bestimmt sind.

A. Winter

Manz Aufsatz-Gliederungen

Sekundarstufe II
305 Seiten, Leinen DM 24,—
Texte, Übungen, Gliederungen

Zur Vorbereitung des Reifeprüfungsaufsatzes und des deutschen Aufsatzes ab der 10. Klasse.

A. Brendel / J. Bruckmoser

Prüfungsfach: Deutscher Aufsatz

Aufsatzgliederungen
DM 8,80

Aufsatzgliederungen für Erörterung und Problemaufsatz (Besinnungsaufsatz) mit Anmerkungen und Hinweisen.

W. Eggerer / E. Mayer

Aufsatzformen der Unterstufe

(Orientierungsstufe, Sek. I)

Bd. I: Schüleraufsätze in der Erlebnissprache, DM 8,80
Bd. II: Schüleraufsätze in der Sachsprache, DM 8,80

W. Eggerer / E. Mayer

Aufsatzformen der Mittelstufe

Sekundarstufe I

Bd. I: Schüleraufsätze in der Erlebnissprache, DM 8,80
Bd. II: Schüleraufsätze in der Sachsprache, DM 8,80

K. Bensch

Aufsatzgliederungen für die Oberstufe

Sekundarstufe II
Bd. I: Der Mensch, DM 8,80
Bd. II: Mensch und Gemeinschaft, DM 8,80
Bd. III: Mensch und Welt, DM 8,80
Bd. IV: Mensch und Zukunft, DM 8,80

Übungen zur Rechtschreibung

Diktate I

DM 8,80

Übungen zur Rechtschreibung

Diktate II

DM 8,80

Beispiele, Regeln, Aufgaben, Einsetz- und Diktatübungen.

A. Bernhard

Der Weg zu den Formen des Passivs

(programmiert)
DM 7,80

Ein Lernprogramm aus der muttersprachlichen Grammatik für das Fremdsprachenlernen.

M. u. L. de Pellegrini

Wir üben Deutsch

(programmiert)
DM 11,50

Rechtschreibung, Diktate, Sprachlehre, Aufsatzlehre. Ein programmiertes Buch für die Orientierungsstufe.

MANZ Verlag · Anzinger Straße 1 · 8000 München 80